ACTITUD POSITIVA...

¡Y A LAS PRUEBAS ME REMITO!

CÉSAR LOZANO

ACTITUD POSITIVA...

¡Y A LAS PRUEBAS ME REMITO!

Los estudios científicos lo demuestran:
la mejor solución a tus problemas es mantener
una buena actitud ante la vida

AGUILAR

Actitud positiva… ¡Y a las pruebas me remito!

Primera edición: septiembre, 2017
Segunda edición: febrero, 2018
Primera reimpresión: abril, 2018
Segunda reimpresión: octubre, 2018
Tercera reimpresión: abril, 2019

D. R. © 2017, César Lozano

D. R. © 2019, derechos de edición mundiales en lengua castellana:
Penguin Random House Grupo Editorial, S.A. de C.V.
Blvd. Miguel de Cervantes Saavedra núm. 301, 1er piso,
colonia Granada, delegación Miguel Hidalgo, C.P. 11520,
Ciudad de México

www.megustaleer.mx

D. R. © Penguin Random House /Amalia Ángeles, por el diseño de cubierta
D. R. © Ramón Navarro / Estudio Navarro, por el diseño de interiores
D. R. © Jesús de la Cruz, por la fotografía del autor

ISBN: 978-607-316-539-6

Impreso en México – *Printed in Mexico*

El papel utilizado para la impresión de este libro ha sido fabricado a partir de madera procedente
de bosques y plantaciones gestionadas con los más altos estándares ambientales, garantizando
una explotación de los recursos sostenible con el medio ambiente y beneficiosa para las personas.

Penguin
Random House
Grupo Editorial

ÍNDICE

¡GRACIAS!

Una palabra pequeña pero llena de sentimiento

Gracias a ti, amiga lectora, amigo lector, por tener la inquietud de leer este libro, te prometo que lo hice pensando en que fuera una de las mejores inversiones de tu tiempo.

Te presento mi octavo libro y quiero dedicarlo, como siempre, a mi esposa: Alma, a mis hijos: César y Almita, por ser mi mayor inspiración para lograr un cambio favorable en mi vida y aplicar muchas de las recomendaciones que aquí te comparto.

Un gran agradecimiento a mi editorial, Penguin Random House y a quienes hacen posible el sello Aguilar, por confiar nuevamente en mí, por la elaboración y distribución de este libro que deseo toque millones de vidas.

Un especial agradecimiento a tres personas que fueron claves en el contenido: al editor y corrector, mi querido tocayito, César Ramos, quien conoce a fondo el estilo coloquial con el que me gusta compartir los conceptos y quien participó activamente y con gran entusiasmo en la elaboración del libro que hoy tienes en tus manos.

A mi hermana Gaby Lozano, por siempre estar y participar activamente en la corrección de estilo de todas mis publicaciones.

A Felipe Cavazos por verificar y certificar todas y cada una de las pruebas que te presento y darle veracidad a todas las investigaciones aquí publicadas.

Gracias a quienes aceptaron que se publicaran sus nombres verdaderos en las anécdotas y vivencias reales que te comparto y, también, gracias a los que involuntariamente participaron en este libro, por conocer sus vidas llenas de rencor, resentimiento, coraje, celos, envidias y demás sentimientos que los alejan de la felicidad, la estabilidad emocional y que por razones obvias no incluyo sus nombres verdaderos.

1

INTRODUCCIÓN
ACTITUD POSITIVA, ¿YO?

Actitud positiva... ¡y a las pruebas me remito!, un título que tal vez te incitó a adquirir el libro que tienes en tus manos. Me considero escéptico en muchas cosas y siempre busco la comprobación de por qué me conviene o no hacer determinada acción.

¿Verdaderamente la gente feliz vive más? ¿Conoces personas con historias de dolor o un presente adverso que pone a prueba hasta al más fuerte, y aun así son felices? ¿Hay investigaciones que comprueben que tener paciencia, sonreír, reír con frecuencia, evitar o disminuir la ira, evitar la preocupación, o trabajar en un cambio de hábitos como lo es comer o dormir mejor pueden evitar el envejecimiento o la muerte prematura? Puede ser que por inercia contestemos sí, pero en cada página de este libro encontrarás historias verdaderas relacionadas con la actitud negativa o positiva, acompañadas de estudios realizados por universidades e investigadores de gran prestigio mundial.

No cabe duda, todos los días aprendo al conocer a quienes se han convertido en grandes maestros de vida, personas que me han enseñado a decidir por una actitud positiva no sólo en tiempos de bonanza, sino también en la adversidad.

Mi esposa, con un pasado nada fácil, pues durante su infancia sufrió la pérdida de su madre y creció en un ambiente difícil para cualquier niña, decidió no repetir patrones de conducta que tuvieron con ella, sino ser una madre y esposa amorosa, buscando siempre la unión familiar.

Mi padre, quien a pesar de tener una infancia difícil, siempre tuvo una actitud positiva y una capacidad de asombro inquebrantable.

Ernesto, director de Recursos Humanos de una importante empresa de pinturas, vive con una actitud positiva que contagia a quienes lo tratamos. Siempre sonriente, siempre servicial, con un carisma envidiable y además con motivos suficientes para expresar cierto dolor: una madre con Alzheimer desde hace años.

Mi inolvidable maestra, Liliana, a quien conocí en la maestría y quien fue mi mentora e inspiradora para iniciar mi carrera como capacitador y después conferencista. Siempre expresando su gran amor a sus hijos y a Jaime, su marido, quien falleció hace unos años. Siempre optimista, positiva, sonriente a pesar de las múltiples enfermedades que ha sufrido en los últimos años.

Claro que podría ponerme de ejemplo, por el título de este capítulo: "Actitud positiva, ¿yo?" Reconozco que durante mi infancia, adolescencia y parte de mi etapa de adulto, no fui positivo. La negatividad y la creencia de que todo lo malo estaba destinado para mí fue parte de mi vida por mucho tiempo. Hice de la preocupación un hábito lamentable y creí que la actitud negativa era imposible de eliminar de una vida realista. ¿Por qué maquillar lo que a simple vista es imposible de quitar? Por qué decir que todo puede mejorar si prácticamente la historia me ha dicho que si existe la mínima posibilidad de que algo salga mal, puede salir mal. Sé que puede oírse exagerado, pero es la verdad. Yo así era y creía que así sería para siempre. ¡Qué pena!

La oración era un refugio para mí; más que una forma para tener fe era para disminuir los estragos en mi mente de los peores escenarios, visualizados generalmente por mis pensamientos negativos.

Las frases que me acompañaron en mi etapa de estudiante fueron:

"De seguro, va a venir en el examen lo que menos estudié."

"Ahora que no estudié, el maestro me preguntará a mí, ya verás."

"Estoy a punto de terminar todo para el examen final, pero estoy seguro que se me va a olvidar lo primero que estudié."

¿Y qué sucedía? Por supuesto que esas nefastas profecías se cumplían rigurosamente. Venía en el examen exactamente lo que menos había estudiado; el profesor me preguntaba el día que menos me preparaba y, para colmo, el día anterior del examen final se me borraban todos los primeros capítulos que había estudiado. "¡No puede ser! Nada más falta que pase ese perro que va ahí y me orine." Y el perro pasaba muy cerca, me imagino que con esas intenciones.

Hasta que un día plagado de presagios negativos leí una frase que decía:

"AQUELLO QUE MÁS PIENSAS Y SIENTES, LO ATRAES IRREMEDIABLEMENTE A TU VIDA".

¿Será verdad eso? ¿Será esa la razón por la cual todo lo que pienso que va a salir mal, muchas veces sucede?

Y decidí modificar mis pensamientos.

Decidí no ser más la eterna víctima de mis propios pensamientos y presagios. ¡Basta de imaginar lo peor! Si de todas formas voy a imaginar, ¿por qué no imaginar lo mejor?

Y empecé a poner en práctica muchas recomendaciones de autores que desde hace mucho tiempo se ocupan de temas positivos.

"Nos convertimos en aquello que más pensamos."

"Ten cuidado con lo que piensas porque se te puede cumplir."

Indudablemente lo que más me ayudó a realizar ese cambio, que era más que necesario, fue conocer lo siguiente: un pensamiento se convierte en un sentimiento y un sentimiento se convierte en una acción, ¡ojo!

Entonces, la razón del porqué nos sentimos mal generalmente inicia por pensamientos que dejamos que libremente entren y salgan de nuestra mente.

Pensamientos negativos, derrotistas, fatalistas o basados en suposiciones, en hechos que no han sucedido y que probablemente nunca sucedan.

Los sentimientos, frutos de esos pensamientos, nos llevan a actuar de manera inesperada y totalmente fuera de una realidad, y todo por no reservarnos el derecho de admisión de pensamientos.

Basta de pensar en lo que no deseas que ocurra; recuerda, atraemos irremediablemente lo que más pensamos o lo que más sentimos.

Iniciemos un cambio de actitud desde la manera en la que pensamos o como nos expresamos:

—¿Cómo amaneciste?

—¡De lujo!

Una respuesta que me dice frecuentemente mi amigo Mauricio. Siempre sonriente, positivo y con un profundo amor a su familia.

Mucha gente responde: "Pues amanecí y ya es ganancia."

—¿Cómo estás?

—Pues estoy...

Cambiemos nuestra forma de expresarnos, dejemos la queja a un lado, seamos más agradecidos y busquemos el lado amable de las cosas por más difícil que parezca.

¿No crees que sea momento de hacer un cambio en tu vida?

¿Mereces atraer a tu vida todo lo que piensas negativamente?

Es momento de tomar las riendas de tu vida y si aún tienes alguna duda, lee las pruebas que te comparto en las páginas de este libro que, deseo de corazón, sea inolvidable para ti.

¿La actitud negativa se contagia?
La triste historia de doña Pánfila

¿Tú crees que la actitud negativa se contagia? ¿Crees que la amargura de una sola persona puede pasar de generación en generación?

Tengo que aclarar que la historia que comparto a continuación es como todas las de este libro, real. Los nombres no fueron alterados en este caso y cuento con la autorización de varios miembros de su familia para compartirla. Por favor lee esta sorprendente historia:

A principios de siglo había una familia muy acaudalada que tenía miles de hectáreas y miles de cabezas de ganado. Miembros de la alta sociedad en una época acostumbrada a tener sirvientes para las tareas más triviales.

Les ayudaban a vestirse y los abanicaban mientras tomaban café. Parece una situación irreal en nuestros días, pero así lo acostumbraban las familias de abolengo en aquellos años.

En esta familia había 5 hijos, entre ellos, una jovencita de 15 años, Panfilita, que ya tenía planeada su vida la cual consistía en asistir a eventos sociales, conocer al que sería su novio rico con el que en un futuro próximo se casaría y criaría a sus hijos, claro está, con la ayuda de un ejército de sirvientes.

Todo iba viento en popa en la vida de la pequeña Panfilita hasta que ocurrió un "pequeño incidente" llamado Revolución Mexicana, en el cual su familia perdió todas sus tierras y todas las miles de cabezas de ganado.

Este suceso llevó al padre de Pánfila a buscar apoyo con familiares en otras ciudades del país para que ayudaran a criar y mantener a sus hijos ya que la Revolución los había dejado en la absoluta miseria.

Ella, al igual que sus hermanos, fueron repartidos con diferentes familiares.

Y así, la pequeña Panfilita se convirtió en una Cenicienta, y de vivir con todas las riquezas inimaginables, al día siguiente tenía que ayudar a su tíos con las labores de limpieza del hogar.

En esta casa empezó la educación con culpa para Panfilita, ya que su abnegada tía le recordaba constantemente el GRAN sacrificio que era para su familia mantenerla en tiempos tan difíciles. Si no fuera por el gran corazón de su marido, ella estaría en la calle y en la vil miseria; pero no, como ella —su tía— tenía un enorme corazón muy devoto y cristiano, la iba a educar y esa formación empezaba con el trabajo duro y además, que jamás olvidara los sacrificios que por ella se hacían.

Panfilita pasó a ser Pánfila y sus sueños de casarse con un rico que la mantuviera como reina se vinieron abajo.

El ámbito en el que se movía su familia adoptiva no le permitía conocer a hombres ricos y por lo tanto se casó con un buen joven de clase media baja: "Ni modo —le dijo la tía—, ¡antes di que encuentras algo! y además es lo máximo a lo que puedes aspirar."

Pánfila vio en este muchacho, Filomeno (aunque no lo creas, su nombre también es real), la perfecta oportunidad de ser el ama y señora aunque fuera de una pequeña casa, que es lo que le podía dar su nuevo marido.

Filomeno era un muchacho trabajador, chapado a la antigua y que no le gustaba el conflicto, así que era el perfecto complemento para Pánfila que estaba buscando a un marido que hiciera todo lo que ella quisiera.

Pasaron los años y Pánfila se convirtió en doña Pánfila con su propia familia, 1 hombre y 3 mujeres, en la cual ella no iba a cometer el error que sus padres habían cometido con ella, dándole la ilusión de que la vida podía ser color de rosa y que existían las hadas.

Doña Pánfila les enseñó a sus hijos que en esta vida se venía a sufrir y a ser agradecidos con sus mayores porque ellos existían gracias a todo el dolor y pobreza que ella padeció con sus tíos. Cuidadito si ellos se fueran a quejar de cualquier cosa porque ella no aceptaría hijos ingratos después del calvario que sufrió de joven y ellos —sus hijos— se habían encargado de ser los más problemáticos para todo: en el embarazo, al nacer, para comer, para llorar, etcétera, etcétera.

Cuando los hijos osaban molestar a su papá con los problemas de niñitos, les iba mucho peor, porque ellos tenían que saber que su papá se mataba trabajando en estas épocas tan difíciles para que ellos todavía lo molestaran con sus tonterías.

Filomeno, que sabía la de quejas e historias de sufrimiento que le iban a tocar si defendía o chiflaba a sus hijos, prefería no complicársela y sólo muy de vez en cuando les daba una muestra de cariño, pero jamás desafiando a doña Pánfila.

Como entenderás, los hijos de doña Pánfila vivían en un ambiente hostil en el que tenían que atender a su madre porque ella había sufrido mucho por ellos y para darles lo poco que tenían.

¿Qué crees que pasó con los hijos de doña Pánfila?

Evidentemente todos tuvieron aspiraciones mucho más bajas de lo que podían alcanzar o lograr en la vida.

Juanito, el único hombre, se quedó solterón haciendo muy poco de su vida. Dos de las tres mujeres, Guadalupe y

María, se quedaron a "vestir santos" ya que ningún hombre era lo suficientemente bueno para ser aprobado por doña Pánfila y en lugar de estar saliendo a conocer jóvenes de su edad tenían que atender a su madre como las sirvientas que siempre quiso y jamás pudo tener después de los 15 años. Porque, "¿acaso no había sacrificado toda su belleza y sus mejores años para tenerlas?" Así que ellas tenían la obligación de atenderla por encima de todo.

La última hija, la más pequeña, Hipólita, logró contraer matrimonio ya que el destino le puso en su camino a un hombre de fuerte temperamento que conseguía lo que quería, Jesús Federico. Humilde pero determinado en triunfar en la vida, y después de muchos años de pedir la mano de la pequeña Hipólita, se la concedieron a regañadientes.

Doña Pánfila le explicó claramente a Hipólita por qué le había permitido casarse, no sin antes decirle: "Hijita, tú no eres ni bonita, ni buena para la escuela, ni para tejer y no eres inteligente, así que si no te dejo casarte serás una carga para esta familia toda la vida y ya Dios me ha puesto suficientes pruebas para aparte tener que cargar contigo".

Así, con esas "bonitas y motivadoras palabras", inició la vida matrimonial de Hipólita, la cual pasó del dominio de su mamá al de su marido.

Hipólita, muy bien educada por su mamá se dijo: "Mi vida ha sido muy difícil, pero debe mejorar, porque ahora que me caso tendré con quien descargarme de todo este sufrimiento que he pasado."

¿A quién creen que Hipólita le iba a pasar toda esa culpa que venía desde que la Revolución les quito las tierras a sus bisabuelos? ¡A sus hijos, por supuesto! Y el ciclo continúa hasta la actualidad, y continuará hasta que aparezca alguien en la familia que detenga esa herencia maldita de negatividad y rencor.

Así que, ¡aguas! No sólo se hereda la actitud negativa... es altamente contagiosa.

Negatividad: ¿Ese bicho se contagia?

Pese a la nube de misterio a su alrededor, el fenómeno de las vibras es cierto. Cualquiera que tenga emociones lo ha experimentado. Desde la ligereza que nos transmite una persona amable y carismática, hasta la espesa nube de luto que cae sobre nosotros en un velorio.

Somos seres sociales y esto implica sintonizar las emociones de los demás. Nos conectamos a través de la empatía y la simpatía, pero también nos desconectamos por medio de la discordia.

Si de verdad sentimos a los demás, ¿qué tanto nos afectan sus vibras? ¿Cuánto permanecen con nosotros? ¿Corremos el riesgo de hacerlas propias?

Las preguntas se tornan más urgentes si nos toca lidiar con personas negativas a diario. Aquellas que decimos que son de "sangre pesada", quienes exudan amargura a cada instante y tienen por deporte ver el lado negativo de todas las cosas.

Cambios de opinión

No tomamos decisiones ni formamos opiniones a solas. Estamos más acompañados de lo que creemos. Y si a esto le sumamos que la negatividad tiene su buen grado de viralidad, el acto de compartir ideas nocivas puede convertirse en una enfermedad de transmisión verbal que cause una epidemia.

Por ejemplo, investigadores de la Universidad de Chicago reclutaron a participantes para presentarles información sobre un nuevo producto. Luego de mostrárselo, les solicitaron escribir una evaluación propia e independiente acerca de él.

En esa primera instancia, las calificaciones eran diversas: algunas positivas, algunas negativas. Pero aquí viene lo bueno (¿o lo malo?): los científicos les revelaron luego a los participantes la opinión de los demás, y notaron una influencia muy poderosa sobre ellos. Cuando un participante se enteraba de que el resto sostenía opiniones negativas sobre el producto, cambiaba la suya en esa dirección. Es decir, abandonaba su criterio para adoptar el ajeno.

Posteriormente, cuando les pedían interactuar con otros para tratar el tema del producto, los consumidores con opiniones negativas endurecían más su juicio: ¡se tornaban aún más negativos!

En resumen, en el estudio, las opiniones negativas no sólo tuvieron un alto factor de contagio, sino que también resistieron más entre quienes las tenían, incluso se potenciaban más dentro de ellos, ya sea porque se reforzaban con la negatividad de los demás o porque se polarizaban para llevar la contra a la positividad del resto.

¡Zas!

Dime con quién andas y te diré la actitud que tendrás
Esto es para bien y para mal. El psicólogo Gerald Haeffel se dio cuenta, tras analizar casos de estudiantes de la Universidad de Notre Dame, donde él mismo trabaja; eligió algunos alumnos que vivieran bajo el mismo techo para ver los efectos que esto tiene en unos sobre otros.

Primero midió las actitudes y formas en que los estudiantes afrontaban la adversidad. Identificó entre dos tipos: los que se daban por vencidos y achacaban el fracaso a su carácter como persona con declaraciones como "no sirvo para nada" y "soy un tonto", y los que lo tomaban como un reto con reacciones como "me esforzaré más a la próxima".

Luego, por un lado, identificó a alumnos que vivieran juntos y que tuvieran las mismas actitudes, y por otro, también consideró a los que cohabitaran pero que tuvieran actitudes muy distintas.

El resultado fue impresionante, en tan solo tres meses, los compañeros de cuarto con actitudes muy diferentes comenzaron a "infectarse" los unos a los otros. "Los estilos de pensamiento resultaron contagiosos. Si tu compañero de vivienda en la universidad tenía un estilo de pensamiento muy negativo, tu propia forma de pensar se tornaba negativa", declaró Haeffel.

Los efectos del contagio no se detienen ahí. Tras seis meses de vivir con una persona negativa, los optimistas comenzaron a mostrar síntomas mentales que los ponían en riesgo de sufrir depresión.

Esto también explica por qué en la sociedad vemos un comportamiento que es más bien una escala de grises que un asunto de blanco y negro.

Virus emocionales y sus vacunas

Sigal Barsade es una profesora de Gestión en la Universidad de Pensilvania que estudia la influencia de las emociones en los lugares del trabajo. En sus investigaciones ha encontrado que las personas no son islas emocionales; por el contrario, las franjas fronterizas entre compañero y compañero son más difusas de lo que en realidad pensamos.

Y SIEMPRE ESTAMOS EN RIESGO DE UN "CONTAGIO EMOCIONAL", PUES COMO ELLA LO INDICA: "LAS EMOCIONES VIAJAN DE PERSONA A PERSONA COMO UN VIRUS."

La atmósfera del lugar se puede ver contaminada fácilmente incluso a distintos niveles. Según estas investigaciones transmitimos tres tipos de emociones: el sentimiento pasajero como la alegría o el enojo; el humor, que es un estado un poco más generalizado y duradero; y los rasgos de personalidad, que son tendencias recurrentes en las personas (como cuando decimos que alguien es muy alegre o muy negativo).

Como no existe una cámara para aislar y poner en cuarentena a las personas infectadas de negatividad, Barsade nos dice cómo y por qué debemos vacunarnos contra su virulencia y de paso controlar la negatividad que nosotros podamos transmitir en algún momento dado. Todo se logra con inteligencia emocional. O sea, aprender a leer los sentimientos de los demás, así como administrar los tiempos y las formas para sacar el mejor provecho del trabajo en equipo.

Por ejemplo, si tenemos una gran idea, pero sabemos que nuestro jefe suele estar de mejor humor por las tardes, será mejor esperar a contárselo entonces. También, en vísperas de lidiar con gente negativa en una reunión, podemos mentalizarnos para no ser presa emocional de los comentarios de las personas destructivas o para no permitir que se conviertan en el centro de atención, ¡mucho cuidado!

¿Por qué? La investigadora descubrió que, más allá de que puede caerle mejor al resto, la gente positiva tiende a desempeñarse mejor en su trabajo por mejores razones: "La gente positiva procesa la información más eficiente y apropiadamente. Si estás de humor negativo, una buena parte de ese procesamiento se gasta en dicho humor. Cuando estás de humor positivo, eres más receptivo a tomar la información y manejarla de forma efectiva."

Un "contreras" no sólo nos lleva la contra

Hay personas que discuten por discutir, que ven un valor en simplemente dar la contra. Cada que pueden intervienen con polémica, siembran la discordia, ponen peros y son incapaces de dar su brazo a torcer.

Resulta que entablar relaciones con gente así puede traer consecuencias fatales. Tal cual: el conflicto constante es malo para la salud.

Un estudio de investigadores de la Universidad de Copenhague, en Dinamarca, halló que las relaciones sociales estresantes incrementan el riesgo de mortalidad entre adultos de mediana edad. Según los resultados de esta investigación, ser víctima constante de demandas o preocupaciones de la pareja o de los hijos se asoció con un incremento en el riesgo de mortalidad entre un 50% y un 100%. Experimentar conflictos frecuentes derivados de cualquier tipo de relación social está relacionado con un aumento de la mortalidad de dos o hasta tres veces más respecto a aquellos con vidas más pacíficas.

Así que, si lo piensas, nuestras relaciones con los demás pueden ser como un karma que se nos regresa a la brava. Si te gusta pelear por pelear o no te alejas de personas que tienen ese *hobby,* es posible que la vida te lo cobre caro conforme pasen los años. Frente a este escenario jugar a la segura luce aún más tentador. La paz tiene una deliciosa cerecita en su pastel: no sólo se siente bien, ¡nos hace bien!

DICE JIM ROHN QUE SOMOS EL PROMEDIO DE LAS CINCO PERSONAS CON QUIENES MÁS NOS RELACIONAMOS. DEFINITIVAMENTE, UNA MEDIDA PREVENTIVA ES SER SELECTIVOS CON NUESTROS CÍRCULOS SOCIALES Y UNA CORRECTIVA ES JUBILAR ALGUNAS DE ESAS AMISTADES QUE DE AMISTOSAS NO TIENEN NADA.

Sin embargo, sabemos que rodearse sólo de personas con buena vibra es imposible hasta para una comunidad *hippie*. Puesto que no siempre podemos decidir quién se atravesará en nuestro camino, la moraleja es, finalmente: debemos comprender que algunos rasgos de nuestra personalidad son más flexibles de lo que pensamos.

A sabiendas de que nada en nuestro carácter está grabado en piedra y que más bien se escribe minuto a minuto de la mano de familiares, amigos y colegas, debemos evitar a consciencia ceder ante la toxicidad que desprenden algunos de ellos. Finalmente, todo es una decisión. Depende de nosotros qué recogemos y qué no de la banqueta de nuestro propio camino.

Así que ya sabes, ¡imprime actitud positiva a tu vida!

2

SI TE SIGUES PREOCUPANDO, LO SIGUES ATRAYENDO

rase expresada frecuentemente por mi adorada madre.

—Mamá, ¿cómo amaneciste?

—Muy mortificada, hijito.

—¿Por qué, mamá?

—Porque espero que a tu papá le den un "sí" a la nueva campaña de publicidad que le propuso a un cliente.

Siempre me cuestioné si con preocuparse de esa manera habría más posibilidades de que le dieran ese importante trabajo a mi papá. Como si a costa de la preocupación y la incertidumbre que mi madre sentía se generara cierta energía para ablandar los corazones de quienes tomaban tan importante decisión o si el ser supremo se conmovía de tal manera que le otorgaría tan anhelado deseo a esta hija suya que sufría tanto por ese bien para su esposo y familia.

—Mamita, ¿cómo estás?

—Toda mortificada, hijito.

—¿Ahora por qué, mamita?

—Porque me salió un tumor raro aquí en el brazo y tengo miedo de que vaya a ser cáncer.

—A ver. Déjame checarte...

—¡Claro que no es cáncer, mamá! Es un piquete de mosco.

—¿En serio? ¡Qué mortificación! —replicaba mi madre.

—¿Por qué mortificación, mamita?

—¡No vaya a ser dengue!

Indudablemente la anécdota de mi juventud que más recuerdo de mi madre, eternamente mortificada, fue cuando mi hermano mayor llegó tardísimo sin darse cuenta ella.

—Hijito, estoy toda mortificada. ¡Tu hermano no ha llegado!

—¡Está dormido en su cuarto!

—¿Por qué no me avisó cuando llegó?

—Porque llegó ¡hasta atrás! —por no decirle que bien borracho.

—¡Qué mortificación! —replicó mi madre— ¿Por qué habrá tomado tanto? ¿Qué problemas cargará en su interior mi pobre hijito?

La mortificación era el pan diario en la vida de mi madre.

Lo que voy a contar tiene que ver con ese sentimiento; obviamente pedí autorización para hacerlo a quienes participaron en tan original y penosa historia. Recuerdo un viaje en carretera que realizamos toda mi familia en una camioneta de mi padre, desde mi querido Monterrey a la Ciudad de México. Nos encantaban a mis seis hermanos y a mí esos viajes, pero claro que para mi madre eran también motivo de mortificación por todo lo que en una carretera podría ocurrir y que gracias a Dios no ocurrió.

Recuerdo que para que el viaje no fuera tan pesado, pernoctábamos en un hotel de 10 pisos ubicado en el centro de San Luis Potosí.

Mi padre pidió, o mejor dicho, exigió que no bajáramos maletas, solamente el cambio de ropa que utilizaríamos al día siguiente y los cepillos de dientes.

Nos registramos y subimos a los tres cuartos, uno para mis padres, otro para los hermanos y otro para las hermanas.

Mi padre dijo:

—Los espero en la plaza que está enfrente del hotel para ir a buscar un restaurante para cenar —y ahí llegamos mis hermanos y yo.

Faltaban, como siempre, mis hermanas en bajar.

De pronto mi madre voltea hacia los cuartos superiores del hotel y ve la mano de una mujer ondeando un calzón rojo por la ventana de su habitación.

—¡Qué mortificación! No se vaya a caer esa mujer de la vida galante que llama a los hombres de esa forma tan vulgar y corriente.

"¿Llama a los hombres?" Me preguntaba con mi inocencia de un niño de 10 años; bueno, no tan inocente pero habría que demostrar eso ante los padres.

Volteo a ver a la supuesta mujer de la vida galante y mi sorpresa fue mayúscula.

—Mamá, ¡es mi hermana Magda!

—¡¿Pero cómo?! ¡Qué mortificación!

La razón de su acción por la ventana del hotel, era que había olvidado sacar su cambio de ropa interior y ella lo lavó y ¡lo estaba secando al viento! y era la razón por la cual ella y mis hermanas no habían bajado.

Ya sabrás las carcajadas de todos mis hermanos y mi papá al saber que la obsesión por la limpieza que desde siempre ha tenido mi hermana Magda, había sido mal interpretada por su propia madre.

Total que para mi mamá, la mortificación se convirtió en un lamentable hábito o estilo de vida, lo cual me hace recordar que, efectivamente, como lo dijo el doctor William Piper de la Universidad de Chicago, existen adictos a la infelicidad.

Verla entrar a la Iglesia en Año Nuevo para pedir a Dios que el año que iniciábamos fuera un año de prosperidad y salud, era para ella una razón más de duda que de seguridad.

Mi madre entraba al templo y pedía con un fervor fuera de este mundo que no nos faltara lo suficiente para vivir, ya que en ese tiempo mi padre tenía problemas para obtener un trabajo estable. Quiero expresarte que el dolor de mi madre me dolía, su cara de súplica me hacía desear fervientemente tener un trabajo para quitarle todas sus dudas y penas, pero en ese tiempo era un estudiante de segundo semestre de medicina que no tenía nada que ofrecer.

Salía de ese santo lugar con la misma cara de preocupación con la que entraba, como si el tiempo y las plegarias realizadas no hubieran sido escuchadas y seguía cargando su preocupación durante los días posteriores.

"Sin querer queriendo", como decía el célebre personaje de Chespirito, El chavo del ocho, yo imité dicha conducta. Me preocupaba antes de cada examen de tal forma que entraba en un estado de ansiedad constante y pérdida de apetito lo cual hacía que me debilitara a tal grado que me bloqueaba para estudiar lo que realmente necesitaba para pasar mis exámenes. El pensamiento que inconscientemente se había grabado en mi interior era que entre más me preocupara más sería escuchado por el ser supremo para solucionar mis asuntos.

Y ni para qué decirte lo que llegué a hacer con tal de que mis oraciones fueran escuchadas. Ahora que pasa el tiempo entiendo que las cosas tienden a mejorar cuando así lo deseamos. Cuando creemos fielmente que lo bueno y lo mejor está destinado para nosotros.

Es una triste realidad. Es más fácil preocuparnos que tener fe, porque la fe requiere esfuerzo, la preocupación no.

Quien decide tener fe, decide romper los paradigmas que durante mucho tiempo nos han inculcado, de culpabilidad, miedo y preocupación, por intentar agradar a los demás, incluyendo a Dios.

No puede ser que sigamos creyendo tantas tonterías que fuimos aprendiendo de generación en generación, en las que directa o indirectamente se nos incita a sentirnos poco merecedores de todo lo bueno que está destinado para nosotros, en serio.

"Por mi culpa, por mi culpa, por mi gran culpa", repetía en la misa dominical, a la cual por cierto sigo asistiendo, pero por salud mental y acuerdo personal ya no repito esa parte de la oración comunitaria, perdón.

Recuerdo también a mi abuela paterna, doña Consuelo, rezando sin cesar, pero con una cara de preocupación tremenda al estar repitiendo una y otra vez las mismas oraciones por el perdón de sus pecados y por la sanación de mi abuelo.

¿En qué momento convertimos en hábito algo tan nefasto como lo es la preocupación?

¿Cuándo aprendimos que a costa de preocuparnos todo el día por algo que depende o no de nosotros podremos hacer algo para mejorarlo?

¿Cuándo despertaremos de ese letargo evolutivo que nos impide tener estabilidad emocional y que además nos impide disfrutar del maravilloso regalo del presente?

Entre más dediquemos tiempo a algo, más lo fortalecemos o lo que es lo mismo, entre más pensemos en lo que no deseamos que ocurra, más lo estamos atrayendo a nosotros. ¿No sería mejor analizar la situación, verificar si está en nuestras manos cambiarla y si no es posible ningún cambio, no dedicar más tiempo, mente ni espacio a lo que tanto nos desmotiva y nos quita energía?

Estoy seguro de que mi madre, mi abuela y yo, no hubiéramos tenido una vida llena de mortificaciones e incertidumbre si hubiéramos leído antes estas reflexiones respecto a la preocupación.

La preocupación: volver al futuro (¡una y otra vez!)

Si fuera adivinanza diríamos: ¿Productivo por fuera, improductivo por dentro, qué es?

¡La preocupación!

Créeme, en este libro nos vamos a dar cuenta de que muchas cosas no son lo que parecen.

Una mente preocupada se siente más útil que una en blanco. Nos engaña con la ilusión de que nuestro sufrimiento sirve para algo. Digamos que es un mecanismo que trata de ahorrarnos problemas pero que, a la vez, se vuelve uno de ellos, ¡zas!

Tras una serie de estudios, investigadores de la Universidad de Sussex y de King's College, en el Reino Unido, encontraron evidencias que sugieren que la preocupación evolucionó en el ser humano con el propósito de resolver retos y evitar ciertas cosas a futuro.

Entonces, la preocupación es como viajar al futuro a través de pensamientos y emociones negativas. Es una reacción sentimental que nos da la *falsa* impresión de hacer algo para resolver un problema; así como leíste: "FALSA."

La preocupación en realidad es un derivado de nuestra obsesión con pensar en el futuro. Como desconocemos lo que depara nuestra vida y tenemos sed de tener el control de ella, cuando nos preocupamos somos presas de sentimientos de inseguridad que, a su vez, tratamos de contrarrestar sintiéndonos ansiosos y rehuyendo situaciones de incertidumbre.

Hay algo en lo que la preocupación sí es productiva, ¡pone en riesgo nuestra salud! La preocupación excesiva se vincula con afecciones cardiovasculares, alteraciones en el ritmo cardiaco y aumento en los niveles del cortisol, la hormona del estrés, lo que desestabiliza nuestras defensas y nos hace más propensos a enfermarnos.

También hay niveles de preocupación. Según los investigadores británicos mencionados al inicio, lo que diferencia a los preocupones en serie es que no le ven el punto a dejar de hacerlo, vamos, ya se acostumbraron. Tienden a desarrollar una especie de perfeccionismo con el que se obsesionan por analizar cada eventualidad y resolver cada problema.

Para revertir este hábito, es necesario saber decir: "¡Hasta aquí!" "Es benéfico pensar en la idea de detener la preocupación cuando ya tuviste suficiente, y no hasta cuando la preocupación haya terminado o se sienta completa de alguna forma", recomienda Christian Jarrett, autor y doctor en neurociencia cognitiva.

En otras palabras, cuando nos preocupamos, el sentimiento nos agobia tanto que ni siquiera lo cuestionamos. Simplemente nos dejamos llevar, así de fácil.

Por lo mismo, según Jarrett, para facilitar la labor de soltar y dejar ir podemos contemplar que la preocupación es sólo una fase, una primera escala en la ruta hacia la felicidad en el resto de nuestro día.

COMO ESTA ANSIEDAD SE VUELCA HACIA EL FUTURO Y NOS PARALIZA POR TEMOR A EQUIVOCARNOS, LA MEJOR FORMA DE DETENERLA ES REUBICARLA EN EL PRESENTE. ES NECESARIO DECIRNOS: "ESTA EMOCIÓN YA CUMPLIÓ SU COMETIDO Y ES HORA DE SEGUIR ADELANTE."

Un pionero en la investigación de esta emoción, el investigador de la Universidad de Pensilvania, Thomas Borkovec, ahonda en el tema cuando nos dice que con la preocupación realizamos tres acciones básicas: pensamos en exceso, tratamos de inhibir nuestras emociones y buscamos evadir algunos efectos negativos.

Recordemos que reprimir los pensamientos sólo los hace más fuertes. Cuando atacamos la preocupación con la estrategia equivocada, con el deseo de acallarla a la fuerza, ella se vuelve como una hidra a la que le cortamos una cabeza, pero le brotan dos más.

Por lo tanto, siempre debemos respirar profundamente, regresar al presente, aceptar que la preocupación es una llamada de atención importante al inicio, pero redundante al final; que tiene una misión que cumplir, pero que luego debemos darle las gracias por sus servicios y despedirla. La clave es hacerlo con gentileza, con el convencimiento de retomar el mando y quitarle lo "pre" a aquello de la ocupación.

Sin lugar a dudas, lo que a mí me ha funcionado más es recordar tres cosas:

1   Aquello en lo que más piensas más poder le das.
2   La ley de la atracción dice que entre más pienses o sientas algo, más lo atraes a ti. ¡Imagina lo que esto significa! Entre más te preocupes más atraes a tu vida la situación que tanto te angustia.
3   Haz un análisis de las situaciones que recuerdes que tanto te preocuparon y te desmotivaron, y analiza cuántas de ésas verdaderamente se cumplieron. Te darás cuenta de que la mayoría nunca se cumplió y las que realmente sucedieron, no fue como lo planeaste mentalmente o tuviste la fuerza suficiente para salir adelante.

Así que no inviertas más tiempo en pensar en lo que no ha sucedido. ¡Hasta aquí! No más mente ni tiempo en pensar en lo que no ha pasado y probablemente no sucederá, porque para quienes tenemos fe, ¡lo bueno siempre está por venir!
¡Ánimo!

3

IMPRESIONANTES PRUEBAS DEL PODER DE LA ORACIÓN

> **César, ¿te puedo pedir un favor? Ora por mí —me dijo un conocido—, la próxima semana me van a operar para quitar una obstrucción que traigo en una arteria del corazón."**

Mi respuesta inmediata fue un automático y efusivo "¡Claro que sí! Cuenta con mi oración y mis mejores deseos para que todo salga mejor de lo planeado."

Tengo que ser sincero, no siempre oraba con el mismo fervor con el que deseaba porque en el fondo de mi corazón siempre existía la ligera duda de si verdaderamente mis plegarias iban a ser escuchadas o tendrían más peso las que formula quien las necesita.

"¿No será mejor que cada quien ore por sí mismo?" Me cuestionaba egoístamente cuando leía mensajes en redes sociales de gente desesperada que lo pedía por la salud de un familiar. Por cierto, no sé cuántos de los que leen una petición como ésta en redes sociales dejan de hacer lo que están haciendo para ponerse en oración por quien afanosamente lo pide, o siguen viendo publicaciones y dando *like* a cuanta foto ven.

Mi madre siempre oraba por la gente que se lo pedía y a veces por quienes ni siquiera conocía en el mundo, pero ahí la veías, rezando devota y abnegadamente delante de su imagen favorita, un Sagrado corazón al que le pedía una y otra vez por nosotros, sus hijos, por los hijos de otras madres y hasta por quienes veía en las noticias y le conmovían sus historias de dolor o tristeza y ella expresaba: "No podré solucionarle su problema o quitarle su dolor, pero sé que mi oración ayudará en algo."

Tengo el gusto de conocer a integrantes de varias órdenes religiosas, especialmente a las hermanas adoratrices en Ciudad Victoria, Tamaulipas, quienes dedican gran parte del día a orar por todos. En las visitas que periódicamente les hago, la bella y dulce madre Lupita, de 96 años de edad, me dijo con su eterna sonrisa que diariamente ora por su *muchachote, oséase* por este muchacho que está escribiendo para ti, y la duda sutilmente latente aún sigue: ¿En serio las oraciones que se hacen por los demás pueden tener un efecto positivo para solucionar o mejorar alguna situación?

No, créeme que con esto no quiero poner en tela de duda mi fe, pero es una duda que por mucho tiempo me había acompañado. Creo, y lo he vivido, que cuando oro con fe las cosas pueden mejorar, la situación que me aflige puede disminuir o terminar de una manera esperada y hasta inesperada.

Creo que las cosas mejoran cuando crees que así puede ser, cuando le dedicas tiempo y adicionalmente te preparas para que suceda.

Creo que al unir la fe, la preparación y el aprovechamiento de las oportunidades, todos hemos hecho milagros, pero realmente ¿qué tanto influye esa oración con fe para mejorar la vida de quienes nos rodean?

¿Qué tanto ha influido la oración constante que mi querida madre Lupita hace por mí diariamente para que Dios se manifieste en mis giras de trabajo?

Estoy seguro de que mi duda se habría desvanecido hace muchos años si hubiera hecho de la oración un hábito constante, y aceptar que la fe es creer sin haber visto. Practicar no sólo la oración que hago por mí y mi familia, sino también por quienes me lo piden por alguna causa en especial.

Mi duda habría sido menor si hubiera leído estas dos investigaciones impactantes:

La primera, de 1988, es el estudio más positivo de la eficacia de la oración publicado en el *Southern Medical Journal* por el cardiólogo Randolph Byrd, MD, con enfermos de la unidad de cuidados coronarios.

Durante un periodo de 10 meses, los pacientes fueron divididos aleatoriamente en dos: 192 pacientes que recibieron oraciones por medio de grupos de oración y 201 pacientes que no oraron por ellos.

Ni los pacientes ni sus médicos sabían quiénes estaban recibiendo la oración. Lo más impresionante fue que el grupo que recibió oraciones (sin saber que se oraba por ellos), mostró una recuperación significativamente superior en comparación con el grupo por el que no se oraba. Ninguno de ellos requirió ventilación artificial, mientras que 12 pacientes del grupo sin oración lo exigían. Además, los pacientes incluidos en el grupo de oración de manera significativa requirieron menos antibióticos y fueron menos propensos a desarrollar complicaciones.

La segunda, de años después, en 1996, realizada por la doctora Elisabeth Targ Fischer, una impecable médica graduada de la Escuela de Medicina de Stanford y profesora asistente de psiquiatría en la Universidad de California, en San Francisco, especializada en los fenómenos psíquicos y el papel de la espiritualidad en la salud y la curación.

Su estudio comenzó con 40 pacientes enfermos de SIDA, asignados al azar a un grupo de oración, y un grupo control que no recibió la oración. Las fotografías del grupo fueron enviadas a los voluntarios, en los que estaban incluidos: rabinos, sanadores, videntes y curanderos nativos americanos. Cada paciente recibió después de la curación del día a un curandero por una hora y cada semana los curanderos se cambiaban, de modo que en más de 10 semanas de estudio los pacientes recibieron la curación de 10 profesionales diferentes. En un promedio, el grupo de enfermos tratados con oración pasó sólo 10 días en el hospital y sufrió sólo 13 enfermedades o complicaciones asociadas al SIDA, mientras que los pacientes que no recibieron la oración en promedio pasaron 68 días en el hospital, recibiendo tratamiento para 35 enfermedades o complicaciones relacionadas con el SIDA.

Esto demostró que la oración tenía un efecto significativo sobre la enfermedad del paciente. Además su estudio cumplió con los estándares más exigentes de la *Western Medical Journal* y fue publicado en 1998, no es cualquier cosa.

Es muy triste, pero la doctora Targ murió muy joven, a los 40 años de edad, víctima de un tumor cerebral, una de las más malignas formas de cáncer. Con o sin tratamiento, los pacientes de este cáncer tienen una vida corta que por lo general se mide en meses, y amargamente así fue para ella. Aun y con la oración de miles de personas que se enteraron de su enfermedad, curadores de la energía, psíquicos y acupunturistas, todos estaban tratando de ayudarla. Ella sabía que la medicina no tenía nada que ofrecer, creía en la curación alternativa y estaba dispuesta a intentar cualquier cosa.

Para quienes somos creyentes practicantes o esporádicos no hay duda de que la oración tiene poder para curar. Sería muy difícil enumerar la enorme cantidad de investigaciones que encontré relacionadas con el tema, incluyendo las palabras del doctor Harold G. Koenig, director del Centro para la espiritualidad, la teología y la salud de la Universidad de Duke, autor de varios libros autorizados sobre la fe y la curación:

"Estudios han demostrado que la oración puede evitar que la gente se enferme, y cuando ellos se enferman, la oración puede ayudarles a recuperarse más rápido."

Un análisis exhaustivo de más de 1 500 estudios médicos de renombre "indica que las personas que son más religiosas y oran más, tienen mejor salud mental y física", dice Koenig. "Y de los 125 estudios en los que se examinó la relación entre la salud y el culto regular, 85 mostraron que los que van regularmente a la iglesia viven más tiempo." ¡Zas!

El doctor Koenig, en otro estudio sorprendente publicado en el *Southern Medical Journal* el año pasado, demostró que la oración tiene un notable efecto en los pacientes con aparatos auditivos y deficiencias visuales. Después de sesiones de oración "ellos mostraron mejoras significativas sobre la base de las pruebas de audio y visuales", dice Koenig.

Me queda claro, prefiero creer en este maravilloso poder que no hacerlo. Creer que cuando deseamos algo bueno o mejor para los demás movemos fibras invisibles en cada uno de nosotros y en la persona a quien le manifestamos esa forma desinteresada de amor.

No es mi afán entrar en una controversia con quienes creen más en la sugestión que en el maravilloso poder de la oración, pero mi deseo es que hagas la prueba, que desees lo bueno y lo mejor para los demás.

En meditación se dice enviar méritos a quien lo necesita. Me gusta soñar despierto en un mundo mejor; soñar que todos dedicamos unos minutos de nuestro tiempo para bendecir la vida de los demás. Manifestar esa grandeza que existe en cada uno de nosotros y ponerla al servicio de los demás. ¿Podemos imaginar por un momento el increíble efecto que esto podría tener en el mundo?

¿Sirven las cadenas de oración?

En su momento también me lo cuestioné y más ahora, que son tan solicitadas en redes sociales. Tengo que manifestar que nunca lo he solicitado aun con la posibilidad de tener acceso a millones de personas que gracias a Dios me siguen, ni en la gravedad de mi padre.

Una vez más te confieso cierta incredulidad, pero después de conocer la historia que leerás a continuación, lo dejo a tu criterio.

Es la historia de María Elena Guerrero Campos y su hijo Rolandito, que en el 2007 tenía apenas doce años.

Su historia es de ésas que como médico me resulta difícil de creer y solamente es posible entender con los ojos de la fe.

A esa edad, Rolandito fue diagnosticado con un tipo de cáncer en sus ganglios linfáticos llamado linfoma no Hodgkin, con un pronóstico poco favorable de vida con tratamiento adecuado. Su médico fue claro, su tratamiento es 80% actitud y 20% las quimioterapias. "Nuestras vidas cambiaron —me dijo María Elena—, cambiamos las canchas de entrenamiento de mis hijos por hospitales y los balones por jeringas y dolor, mucho dolor. Mis hijos haciendo la tarea en frías salas de hospital, mi esposo y yo sin trabajar, nuestras finanzas estropeadas por el alto costo de la enfermedad y mi hijo con mucho sufrimiento. Ver cómo tu hijo se va deteriorando, créelo, no es nada fácil."

Lamentablemente, antes del año, el diagnóstico cambió; la presencia de una leucemia linfoblástica aguda, muy agresiva, dio un vuelco al pronóstico: "De 10 enfermos, mueren ocho —nos dijo el médico—, y el costo es cinco veces mayor aunado a las pocas posibilidades de sobrevivencia."

A Rolando se le hizo un trasplante total de médula ósea a la edad de 13 años, efectivamente, presentó todas las complicaciones que los médicos advirtieron, insuficiencia renal, hepática y pulmonar.

Su madre, puso una foto de él completamente sano frente a su cama para que no olvidara que detrás de tanto dolor aún estaba él; que todo pasaría y volvería a su vida normal.

En un hospital con un enfermo así no hay diferencia entre los días y las noches, -me dijo en su carta. El piso huele a muerte y a Dios al mismo tiempo. Así todos los días nos arreglábamos, él me preguntaba "¡¿para qué?!"... Y yo siempre contestaba: "Porque hoy, si Dios nos dice hoy sí al milagro, tenemos que estar listos"; lo hacía salir del hospital en su imaginación y juntos corríamos en el parque, tomábamos helado y hacíamos las cosas que le gustaban, era la única forma de que el encierro del hospital no nos volviera locos.

Convertimos las oraciones donde pedíamos desesperadamente por su salud, en gratitud. Lo hacía repetir una y otra vez, ¡GRACIAS, SEÑOR, POR MI SALUD PERFECTA!

Pegué cientos de cartas de ánimo de sus compañeros del colegio en las paredes del hospital, las cuales lo hacía leer una y otra vez, varias veces al día; palabras de ánimo que hablaban de su salud total. ¡Te estoy reseteando! -le decía-, como tú lo haces con tu laptop.

El miedo lo cambiamos por fe y la incertidumbre en esperanza, y así las oraciones donde pedíamos desesperadamente por la salud de mi pelón, -como cariñosamente le decía- se convirtieron en oraciones de gratitud, dando por hecho el favor de Dios en la salud de mi muchachito.

Inicié una cadena de oración con todos mis contactos vía mail (no existía el Facebook) donde describía lo que estábamos viviendo en el día a día, en el hospital, pues traspasó fronteras; siempre terminaba el correo dando gracias por la salud perfecta de mi hijo y en respuesta a eso, recibíamos cientos de correos diariamente de personas que iban siendo tocadas en su corazón por este niño que sufría desde su cama. Empezaron a visitarnos personas que querían conocer al niño que estaba luchando tanto por su vida. Hicimos de esta tragedia una oportunidad para muchas personas de ser mejores.

Rolando tuvo toda clase de complicaciones, desde un derrame cerebral hasta, lo más grave, un bloqueo en la circulación del hígado que lo hizo funcionar a un 10% de su capacidad.

Mi esposo y yo nos mantuvimos al lado de su cama cuidando cada detalle de sus exámenes, de su evolución, viendo monitores, tratando con médicos las malas noticias que llegaban todos los días y haciendo de su día a día lo mejor que se podía.

La Navidad de 2008 sufrió un coma y permaneció en cuidados intensivos muchos días, yo le hablaba al oído de noche y de día, pidiéndole esas estrategias que él hacía con su play station para matar a los malos, le cantaba las canciones de cuando era chiquito, platicaba con él de lo que haríamos en cuanto saliéramos de ahí a pesar de su inconsciencia. Una de esas noches, entre muchas cosas que pasaron, nos anunciaron que tenía una hemorragia pulmonar, que con solo 2 000 plaquetas no podría ser resuelta de inmediato, como muchas otras veces lo hice, escribí mi CADENA DE ORACIÓN. ¡Despierten! ¡Rolando se agravó y necesito sus oraciones!

La opción: poner plaquetas, pero tardan 3 horas en pasar y hacer efecto, la hemorragia sigue y podría tener resultados fatales; lo hicimos... durante esas tres horas, cientos, si no es que miles de personas oraban por Rolando, cuando los médicos realizaron una nueva radiografía no encontraron el sangrado, esto era inexplicable para los médicos. Esa noche habló Dios.

Esa Navidad cuando ya había librado el coma, al hacer oración, le pedí que diera gracias a DIOS y me dijo: "Gracias de qué, mi cuerpo está lleno de úlceras, no puedo caminar, ni comer, no controlo mis necesidades fisiológicas." "¡Pero estás vivo!", contesté, "este piso de hospital está lleno de niños más graves que tú".

Me dediqué a sacar la valentía de mi chaparro.

Afortunadamente mi historia tiene un final feliz, un día el sí tan esperado llegó y Rolando milagrosamente se fue recuperando poco a poco, a pesar de que sólo hay DOS CASOS documentados en el mundo, el de mi hijo y el de otra persona que lamentablemente murió.

Rolando hoy está totalmente sano y DIOS nos permitió que no quedara absolutamente ninguna secuela de las que los médicos pronosticaban. Mi hijito tuvo que aprender a caminar de nuevo y de la parálisis facial bilateral que sufrió se recuperó por completo, al igual que de todos los órganos que se habían dañado.

Mi hijo regresó como un héroe de guerra, un día en una entrevista que le hicieron, le preguntaron, que cómo le había hecho, cómo había vencido el miedo a morir y él contestó algo que me sorprendió: "Es que mi Fe nunca cambió, mi mamá me dijo que no moriría que confiara en Dios", él no escuchó todo lo que los médicos decían frente a él.

Realmente estas enfermedades pueden llevarse patrimonios, pueden romper matrimonios, pueden acabar con familias completas, pero nunca podrán con una Fe y esperanza inquebrantables.

Quise transcribir la carta de esta valiente madre tal y como me la envió. Hoy con orgullo te digo que de alguna manera fui tocado también por este niño que valientemente sobrevivió a la más grande de todas las batallas, luchó por su vida y triunfó, incluso tuve la fortuna de tenerlo en mi programa de radio y conocer su experiencia de viva voz.

Hoy me uno a la alegría de su familia y de todos los que fuimos testigos de este milagro que solamente la fe y la oración comunitaria pueden realizar.

ADICTOS AL SUFRIMIENTO

A **sí como los que se preocupan se adelantan al futuro, otros nos quedamos en el pasado.**
El apego al pasado surge cuando nuestras fibras más sensibles se ven lastimadas y dejan una herida abierta que nos cala a cada paso. Y aunque el pasado ya no exista, el dolor que causa sí es real. Por eso es importante que entendamos el qué y el cómo de estas huellas que nos condicionan y nos lastiman.

Hablando del qué, un estudio científico reveló que las principales anclas del pasado son nuestras relaciones con los demás. Nuestro estatus social nos importa más que cualquier otra cosa. Como buenos animales de manada, los seres humanos siempre tenemos un deseo de pertenecer y agradar, por ser útiles a la sociedad y ser reconocidos en el intento.

De ahí surge que nuestros recuerdos más atesorados son los que implican armonía, intimidad o conexión con otras personas —algún beso, algunas vacaciones familiares, algún premio por nuestras obras— y los que más daño nos provocan son los que conllevan ataques, discordia y separación —alguna traición, alguna humillación, alguna pérdida.

Nuestra interacción con el mundo no sólo abre la herida, también le puede echar sal. Digamos que dañaste a alguien. Herir a una persona no sólo causa una tristeza suficiente, además el dolor emocional redobla esfuerzos cuando tememos que los demás nos castiguen. Tan sólo pensar en encontrarnos con represalias sociales dispara sentimientos de culpa y vergüenza. Y entre más culpa y vergüenza, más tristeza sentiremos porque basamos nuestra autoestima en la impresión que los demás tienen de nosotros. Es un círculo vicioso que no deja de reforzarse.

Nuestra vida es en buena parte la historia de estos nudos emocionales. Para deshacerlos, el doctor y escritor Leon Seltzer nos sugiere la siguiente solución: revisar el pasado, no revivirlo.

A falta de criterio (por no decir que estábamos muy, pero muy verdes), en nuestra infancia y juventud nos tomamos muy a pecho lo que acontece alrededor. Creemos además que todo se trata de nosotros. Nos echamos la culpa de los conflictos entre nuestros padres, del *bullying* que padecemos, de cada una de las malas decisiones...

La ventaja de ser adultos (¡alguna habría que tener!) es que nos da la madurez para ver los toros desde la barrera. En vez de ingresar al ruedo y seguir exponiéndonos en vano, podemos poner en perspectiva el pasado e identificar en el ayer los efectos que quizá sigamos sufriendo hoy.

De verdad, considera que es normal que en nuestra tierna edad seamos inocentes, que ignoremos muchas cosas, que no comprendamos las intenciones o las razones de los demás. Dice Seltzer que la reconciliación con nosotros llega cuando vemos que el pasado tenía que suceder así, dadas nuestras limitaciones. Que ciertos destinos en nuestra vida estaban en realidad fuera de nuestras manos.

Debemos tomar esa mirada compasiva y entonces someter a juicio esas historias y personajes que tanto nos creímos. Porque justo aquí está la raíz de nuestros complejos y sufrimientos crónicos. Descubriremos que muchas de nuestras creencias y sentimientos negativos están arraigados en percepciones erróneas.

TE SUGIERO ESTO: ENCUENTRA ESOS PUNTOS DE QUIEBRE EN TU VIDA; CONTEMPLA CÓMO NO SON ASUNTOS TAN SERIOS COMO CREÍAS; NO TODO EL MUNDO GIRABA ALREDEDOR DE TI. ESTO SE CONVERTIRÁ EN EPIFANÍAS Y SUAVIZARÁ LOS NUDOS DEL PASADO. MUCHOS DE ELLOS TERMINARÁN POR CEDER Y ES CUANDO TE DIRÁS AL COMPÁS DE UNA RISA LIBERADORA: "¿ESO ERA TODO?"

También cambia esos "hubiera" con los que buscas cambiar el pasado por un "podría ser" fincado en el ahora, pero con miras a un mejor futuro. Ante la duda siempre regresa a los hechos: no podemos deshacer lo que hicimos en el pasado. Lo hecho, hecho está, y debemos hacer las paces con sus resultados.

Como bien sabemos, quien no conoce la historia está condenado a repetirla, pero aquí habría que matizar que la historia está para aprenderla, no para sufrirla.

Y Martha Patricia, sigue con su amargura
Martha Patricia es una mujer de 57 años, divorciada y con dos hijos adultos que adjudica su dolor y su forma tan sincera de hablar, impregnada de imprudencia, al dolor tan grande que sufrió en su infancia.

Como muchas personas así, se refugió en la Iglesia, participando activamente en grupos de oración y servicio al prójimo.

Todo lo que aprendió ahí, parece que se difumina con el humo del resentimiento guardado desde su infancia hasta su edad adulta.

Una infancia con una madrastra que, según sus palabras, jamás la quiso y la trató muy mal durante su adolescencia y parte de su etapa adulta. Situación que le hizo casarse con el primer hombre que apareció en su vida con quien procreó a sus dos hijos.

"Si lo quise, pero no lo amé." Y como era de esperarse, uno de los dos se hartó primero y el hombre se fue a vivir lejos de ella.

Sus problemas se acrecentaron por las diferencias con sus dos hijos; aunque quiso ser una madre amorosa y cercana ellos, una barrera invisible impidió que esa comunicación abierta y cariñosa que buscaba con ellos no fuera como deseaba.

No desaprovechaba cuanta oportunidad tenía de expresar su dolor por la infancia que vivió, y creyó que con los retiros espirituales y diversas terapias, su resentimiento sería eliminado por completo, pero al morir su madrastra, su resentimiento se manifestó por la actitud que tuvo durante los días previos a su muerte y posterior a ese acontecimiento. Al escribir este libro se ha distanciado de varios miembros de su familia. ¿En qué momento permitimos que nuestro pasado amargue nuestro presente? Por más dolorosa que haya sido la historia siempre existirá la posibilidad de sanar heridas.

Siempre he creído que si no hacemos las paces con el pasado, estamos condenados a repetir la historia o a llenarnos de amargura por el daño que según nosotros recibimos.

Viviendo en el pasado

"Quisiera tener un borrador mágico para quitar de mi vida específicamente el 6 de abril de 2010. Que ese día no hubiera existido por el dolor que me causó, por la decisión que tomé sin medir las consecuencias."

Palabras expresadas por Marcia, asistente a una de mis conferencias y que saludé en la firma de libros del final.

Ella trabajaba en la gerencia de una empresa exitosa con gran expansión. Reconoce que tiene un carácter fuerte, no se deja de nada ni de nadie y si llegó a tan importante gerencia fue por su capacidad y su astucia en los negocios. Su fuerte eran las ventas y se jactaba de ser la vendedora más exitosa de la empresa por varios años consecutivos.

Dicho éxito le daba cierto aire de superioridad, además de seguridad.

En un altercado con su jefe, el director general de la empresa, ella perdió completamente el control de sus emociones, de sus palabras y dijo que si no le gustaba su trabajo que entonces renunciaba en ese preciso momento.

El director, un hombre sensible y paciente le pidió, casi le suplicó, que midiera y analizara la magnitud de su decisión, a lo cual ella contestó que no tenía nada que pensar —dicho lo anterior, con más enojo que antes, salió de la oficina de su jefe dando un portazo.

La verdad —me dijo—, me sentía indispensable porque desde que yo había entrado a la empresa, 13 años antes, la compañía había logrado crecer a pasos agigantados, y sin ánimo de presumir, gracias a mis ventas se había logrado gran parte de ese crecimiento.

Ella, siempre segura de sí, estaba plenamente convencida de que al día siguiente se iba a reconsiderar la decisión que había tomado, y se le insistiría para no renunciar; casi juraba que le iban a rogar, pero no fue así.

El director le tomó la palabra y aceptó su renuncia.

Su orgullo y soberbia le impidieron hablar para ofrecer una disculpa.

Desde entonces su vida cambió por completo, aunque siempre se jactó de que jamás se arrepentiría de nada, con esta decisión no fue así. A la fecha no ha logrado conseguir un trabajo tan bien remunerado y en el cual se sienta tan contenta como en el que estaba.

Después de un periodo de depresión, logró entrar —a pesar de su edad, según sus propias palabras— a otra empresa de un giro similar a la que estaba pero no logró los resultados que se esperaban de ella.

Duró ahí dos años y desde entonces se dedica a ser consultora independiente.

"Quisiera borrar ese día o regresar el tiempo para controlar mis palabras y decisiones tomadas sin pensar."

Con la historia de Marcia, recordé la gran verdad que dice que todos tenemos ciertos momentos de locura durante toda nuestra vida y que son esos momentos en los que la emoción le gana a la razón guiándonos por el enojo, el coraje, la frustración y no conectamos la lengua con el cerebro.

Decimos lo que muy en el fondo sentimos pero no es conveniente decir; expresamos lo que sentimos pero con las palabras equivocadas y no medimos las consecuencias de nuestros actos o expresiones.

—Desde entonces —agregó Marcia, no dejo de pensar en todo lo bueno que durante 13 años logré, el dinero que gané, los compañeros y amigos que hice, los sueños que cumplí y que ahora se han desmoronado por un momento de torpeza y ego desmedido. Nadie es indispensable —dijo. Y lo aprendí con base en mucho dolor.

Historia similar vivieron Sandra y su novio Eduardo.

—¡No quiero volverte a ver nunca más en la vida!

Y siempre lo volvía a ver ya que él pacientemente la buscaba...

—¡No me vuelvas a hablar nunca más!

Y Eduardo le volvía a hablar. Ya que para él, el orgullo no era algo que se le daba fácilmente, además la quería, y mucho.

—¡Ya me hartaste! ¿Qué no entiendes que ya no te quiero?

Y al rato lo volvía a querer, pues nunca lo dejaba de querer realmente.

Se acostumbró tanto a sus arranques y a sus reconciliaciones que ya daba por hecho que la buscaría.

Un día Eduardo le dijo muy seriamente que no le gustaban esos arranques. Que el amor que le tenía era inmenso y que nunca dudara que ella era la mujer que más había amado y amaría por siempre.

No obstante, sus arranques por todo y por nada seguían y cada vez con más frecuencia.

Ante cualquier diferencia por cosas insignificantes sus arranques de ira se hacían presentes con sus respectivas palabras hirientes y siempre con el finiquito de la relación.

—Al cabo siempre me llama —le llegó a decir a su mejor amiga.

Pero un día, en el que el novio fiel, o mejor dicho, su ahora ex novio fiel y abnegado como todos los hombres que están leyendo este libro, se retrasó una hora por motivo de su trabajo, ella —como era de esperarse— estalló en cólera vociferando una de sus trilladas y conocidas frases: "¡No me vuelvas a llamar nunca más en tu méndiga vida!"

Y cortó la comunicación de su celular con su respectiva rabieta.

—Ya verás amiga—, le dijo a la que estaba presente como fiel testigo de su enojo—, me llamará en 10 minutos pidiendo perdón.

10 minutos y nada... 20 minutos y nada... 1 hora... 2 horas... y nada...

—¡A ver! ¿Checa si está bien mi celular? Márcame del tuyo amiga, por favor...

—No, el celular está bien.

—Qué raro —pensó ella—, ¡Ah! ¡Ya entendí! Como mañana cumplimos años de novios, va a venir con serenata como cada año y pedirá perdón. ¡Falta que lo perdone! ¡Porque a mí no me gusta que me dejen así tanto tiempo!

Se fue a su casa con la misma seguridad de siempre.

Las 12 de la noche, la 1 de la madrugada, las 2, las 3 y nada...

Ella con el ojo pelón imaginaba y se preguntaba "¿qué habrá sucedido? ¡Siempre me llama! Yo no le voy a hablar. ¡Como que me llamo Sandra Sánchez Hernández!" —nombre real presentado con autorización de la autora de tan lamentable historia.

"¡Por supuesto que no le llamaré! ¡Mañana estará aquí a primera hora llorando como un niño e implorando mi perdón! Quién quita y hasta el anillo de compromiso me da."

El día siguiente y nada, la semana siguiente y nada, el mes siguiente y nada. Y hasta a la fecha, nada...

Ella dice que lo que no es para ella no va a ser, y que lo más seguro es que él no era para ella.

Lo malo es que ni él ni nadie han sido para ella. Ya pasaron 3 años del suceso y sigue sola, extrañando a un hombre tan bueno, tan noble, tan fiel, de tan buena familia, dicho sea de paso, de tan buena posición económica como hay pocos.

Ella aclara que tiene un carácter fuerte e impulsivo, y que a sus 36 años ya aparecerá alguien que la quiera como es. ("Ajá... eso es tener fe." Nota del autor.)

Se puede vivir en el pasado por varios motivos:

1   Para borrar un evento. Algún suceso que desearíamos no haber realizado o cambiarlo como por obra de magia, como los casos de Marcia y Sandra.
2   Por añoranza de lo vivido. Recordando que el pasado siempre fue mejor, reviviendo mentalmente sucesos que ya quedaron atrás; como si pudiéramos etiquetar la película de la vida como un documento histórico, donde todo lo vivido siempre será mejor que el presente.

Mi querida amiga, tanatóloga, escritora y colaboradora de mi programa de radio, Gaby Pérez, dice que el pasado es un maravilloso lugar para visitar, pero nunca para permanecer allí.

Mucha gente vive en un pasado que por más que quiera no lo podrá cambiar ni regresar.

Estoy seguro de que mucha gente se puede identificar con alguna de las historias compartidas por la similitud de hechos o por las ganas de querer modificar lo vivido con sus respectivas consecuencias.

Es bueno visitar el pasado cuando se trata de aprender de experiencias vividas, recordar acontecimientos que nos hagan sentir bien en el presente y para agradecer lo vivido, pero no para evocar constantemente sentimientos como la añoranza, la tristeza o el rencor.

Lo vivido, vivido está y para atrás ¡ni para agarrar vuelo!

Te equivocaste, perdiste, hiciste, no hiciste, no te controlaste, te pasaste, te arrebataron lo que era tuyo —o lo que creías que era tuyo—, te atontaste (por no decir otra palabra), ¡YA! Aprendiste la lección por más dolorosa que sea y no permitas que la mente te esté transportando a un pasado que lo único que hace es hacerte revivir la pésima experiencia que te impide disfrutar lo único que verdaderamente tienes, el presente.

No le des largas: deja el "ahorita" y abraza el ahora

Nuestra mente nos juega muchos trucos. Tiene, por ejemplo, una fijación por serle infiel a la realidad.

Sólo existe el ahora, sin embargo se aferra a otros tiempos. La ansiedad, el miedo y la expectativa nos transportan al futuro; el remordimiento, la tristeza y la vergüenza nos llevan al pasado.

Sólo existe el aquí, pero se empecina en retraerse en su propia versión de la realidad. Somos tan preocupones y aprensivos que, absortos en nuestros propios líos, nos perdemos lo que ocurre frente a nuestras narices.

Pese a que estos paseos no son del todo placenteros, somos viajeros frecuentes. Nos quedamos irremediablemente atrapados en nuestras propias telarañas mentales, sin siquiera darnos cuenta.

Los budistas tienen un nombre para esta dispersión: "Mente de mono." Nuestra atención es un changuito que no sabe quedarse quieto. Brinca de liana en liana en busca de un lecho que nunca le satisface. Para cuando se da cuenta, ya cruzó toda una selva y se pregunta: ¿Cómo llegué hasta acá?

Sucede que vivimos en la reacción del mundo imaginario y no en la acción del mundo real. Las cosas no siempre suceden como esperamos y por eso luego inducimos una bola de reclamos: "¿Por qué me pasa esto a mí?, ¿por qué hice eso?, ¿por qué no hice aquello?"

¿Puedes sentir en ti ese vacío que separa tus expectativas de la realidad? El sufrimiento es un monstruo que se alimenta de esa distancia. Y no sólo eso, también le prestamos nuestra ayuda al creer torpemente que el juicio negativo y la queja son productivos, cuando sólo echan leña al fuego de nuestros enojos, miedos y tristezas.

La solución radica en un cambio total de perspectiva. En vez de negarla o crearle distractores, debemos tomar la realidad así como viene. Los hechos son hechos; no cambiarán sólo por los sentimientos que nos despierten. Ocurren independientemente de nuestro juicio. Jesús dijo "la verdad os hará libres", por una razón. En la verdad donde todos coincidimos, los hechos reconcilian porque no dan cabida a la diferencia; en esta reconciliación encontramos la armonía y la paz. Es nuestra responsabilidad encontrar y honrar esa verdad; esto sólo es posible en un reconocimiento de cada momento y de cada lugar en que nos encontremos.

¿Fantasía o realidad?

"Una mente humana es una mente distraída, y una mente distraída es una mente infeliz", aseguran Matthew Killingsworth y Daniel Gilbert, para luego rematar: "La habilidad de pensar en lo que no está pasando es un logro cognitivo que viene con un costo emocional."

Estos psicólogos de la Universidad de Harvard tuvieron un hallazgo impresionante: nuestra mente se mantiene errática y distraída cerca de 50% del tiempo, independientemente de la actividad que estemos realizando. Sus estudios incluso sugieren que la felicidad no tiene tanto que ver con nuestras actividades, sino con qué tan presentes estamos al realizarlas.

Porque ¿qué sucede cuando deseamos ser felices en un tiempo que no es ahora y un espacio que no es aquí? En un estudio publicado en la revista *Psychological Science,* investigadores descubrieron que las personas que fantasean con un futuro ideal tienden a tener síntomas de depresión cuando ese futuro llega.

Veámoslo de esta manera: las fantasías son como tratarnos un mal crónico con sedantes. Sí, primero tienen un efecto terapéutico que nos crea la ilusión de que el problema se ha marchado; sin embargo, a la larga, la dosis sólo nos mantendrá aletargados y nos robará la energía necesaria para encontrar un remedio que sí lo arranque de raíz.

No me tomes a mal, soy un firme creyente del poder del pensamiento positivo; pero lo soy siempre y cuando esté afincado en el esfuerzo personal. De nada sirve crear esperanzas si, acto seguido, nos echamos a la hamaca a esperar que todo se solucione solito. Creo en los complementos, en cómo nuestras aptitudes y actitudes deben trabajar en equipo para conseguir su objetivo.

Michael Jordan escribió: "Algunas personas quieren que algo ocurra, otras sueñan con que pasará, otras hacen que suceda." En el resto del capítulo ahondaremos en provocar intencionalmente que la felicidad llegue desde el ahora. Después de todo, sólo puede ocurrir ahora y en cada uno de esos ahoras que conformarán nuestro futuro. Si lo piensas, la meta es idéntica a cada uno de los pasos que damos hacia ella: es imposible cumplir el objetivo de ser feliz sin serlo durante nuestro trayecto, ¿o qué tan lógico te suena llegar a la felicidad por medio de una serie de corajes?

El potencial de prestar atención

Aunque habitar en la fantasía nos hace infelices y tengamos una inclinación por ella, la suerte no está echada. Podemos tener voz cantante en nuestro destino si emprendemos las acciones adecuadas. De años para acá el *mindfulness* ("conciencia plena" o "atención plena", en español) se ha revelado como una herramienta muy valiosa para domesticar nuestra mente.

Las bondades de la conciencia plena alcanzan prácticamente todas las dimensiones del ser humano, según un artículo de la Universidad de Berkeley: practicarla beneficia nuestro cuerpo, mente, cerebro, vida social y compasión. Pero sobre todo es una vía muy efectiva para encontrar la felicidad, aun para quienes padecen depresión y trastorno por estrés postraumático (muy frecuente en los veteranos de guerra).

Richard Davidson, de la Universidad de Wisconsin, en Madison, explica que este bienestar llega muy pronto.

Primero descubrió que cuando estamos de mal humor se activa el área prefrontal derecha de nuestro cerebro; en cambio, con el buen humor ocurre lo opuesto: se estimula la sección izquierda. Aunque casi todos experimentamos un balance entre ambos lados, en algunas personas sí existen patrones cargados a uno o a otro: hay quienes en general activan más el lado derecho —los más propensos a presentar cuadros de depresión o ansiedad— y quienes hacen lo propio con el izquierdo —gente que tiende a recuperarse con facilidad de sus reveses.

El experimento liderado por Davidson consistió en seleccionar a un grupo de empleados que, por la naturaleza de su trabajo arduo tendían a activar la parte cerebral derecha —el lado característico del mal humor. Posteriormente, con la ayuda de un instructor calificado, les enseñaron a practicar la técnica del *mindfulness.*

El resultado fue que, luego de sólo ocho semanas de aplicar este método, las resonancias magnéticas detectaron un movimiento hacia la sección izquierda de los participantes, además de que confesaron de forma espontánea haberse reencontrado con aquello que amaban de sus empleos. Conclusión: el retorno de la inversión llega en muy poco tiempo.

El poder de esta técnica queda de manifiesto. La mala inercia de toda una vida puede contrarrestarse en cosa de meses. Consideremos que si en nuestra inconsciencia lo hemos usado para mal, el poder de la mente es tan grande que, atizándolo con toda nuestra actitud, podemos enderezar nuestro rumbo hacia la felicidad de forma relativamente sencilla.

El ancla del aquí y el ahora

Más allá de algunos prejuicios que tengamos por aquello de las oídas, el *mindfulness* no es una práctica religiosa y mucho menos un superpoder. En realidad, se trata de optimizar una función muy básica de nuestro cerebro: la atención.

El *mindfulness* es poner atención de forma sincera y focalizada en el presente, con todas las sensaciones, sentimientos y pensamientos que eso implica. Es acudir plenamente a lo que nos sucede a cada instante. También es detectar el momento en que nuestra mente se descarrila y hacer lo posible para reencarrilarla rumbo a lo que sucede aquí y ahora.

Thich Nhat Hanh, uno de los maestros budistas más influyentes de nuestro tiempo, lo ejemplifica con algo tan cotidiano como lavar los trastes. Nos dice que al lavarlos debemos estar sólo lavando los trastes.

Aunque esto suene tonto de entrada, permíteme lanzar un reto para comprobarte que no lo es: lava los trastes y haz una anotación cada vez que tu mente divaga mientras lo haces. Apuesto a que casi llenarás la hoja. Y es que, en tareas así de mecánicas, identificarás una tendencia muy marcada a abstraerte en tus pensamientos o a quejarte internamente por alguna inconveniencia.

Thich Nhat Hanh abunda en el tema: "El hecho de que esté parado lavando estos tazones es una realidad maravillosa. Soy completamente yo, siguiendo mi respiración, consciente de mi presencia y consciente de mis pensamientos y acciones. No hay manera de arrojarme de lado a lado inconscientemente, como una botella que pasea de aquí para allá entre las olas."

Créeme: hay algo muy profundo en anclarte en el constante flujo de tu experiencia en ese segundo a segundo. Es como estar despierto al cuadrado. Puedes caer en cuenta de que antes vivías prácticamente soñando despierto.

Aceptar la realidad tal como viene

Pero no podemos practicar el *mindfulness* sin cumplir con un requisito previo: la aceptación.

Definamos primero lo que NO es la aceptación. No es una resignación pasiva ante la desgracia; no es bajar los brazos y ceder el control a poderes externos; tampoco es aguantar a regañadientes ni mucho menos reprimir las emociones repitiendo, dientes para afuera, "todo está bien, todo está bien", mientras a nuestro alrededor todo arde en llamas.

La aceptación es recibir la realidad sin juicios ni reacciones. Recordemos que la mente no es muy ducha para atender dos cosas a la vez. Si juzgamos o reaccionamos estamos ocupados justamente en eso: juzgando o reaccionando; y es así como permanecemos ignorantes de todo lo que ocurre en la realidad.

Para lograr distinguirla de la expresión común, Tara Brach, psicóloga y asidua practicante de la meditación, le agrega un apellido a la palabra. La llama "aceptación radical". Esta es la suma de dos elementos: un reconocimiento de lo que sucede dentro de nosotros y la voluntad valiente de vivir el momento presente.

Tomemos dos términos de Tara: "reconocimiento" y "voluntad valiente". Requerimos de valentía para voltear a reconocer lo que llevamos dentro, nuestros pensamientos y emociones. A veces les tenemos pavor; otras tantas nos provocan una enorme culpa o vergüenza. Por eso no nos animamos a asomarnos. Creemos que estas experiencias internas son tan poderosas que nos pueden rebasar o, peor aún, que somos malvados por el simple hecho de que crucen por nuestra mente o nuestro corazón.

La aceptación radical se logra con una disposición de recibir y abrir la mente ante las cosas tal y como llegan. Nuestra atención debe ser un manto que lo cubra todo: aunque creamos que sean malos o buenos, o a pesar de que se sientan bien o mal, debemos observar tanto los estímulos externos (lo que percibimos con los sentidos) como los internos (nuestros pensamientos y emociones). También es normal que estos estímulos disparen, a su vez, nuevas reacciones emocionales; pues sí: también debes incluirlas en tu rango de atención.

Por ejemplo, si de pronto, por angas o por mangas, un ex del pasado remoto visita nuestra mente y vuelve a abrir viejas heridas. ¿Cómo proceder? La forma más compasiva y provechosa es darte permiso de explorar tu pensamiento, la tristeza y el enojo que este recuerdo disparó. Te aseguro que no hay nada que temer. Sólo no olvides que todo ocurre en tu mente, no corres ningún peligro por experimentarlo, por palparlo, por aceptarlo como es.

"Lo que importa al inicio es que cultives una intimidad con tu propia experiencia", aconseja Brach. Esta intimidad significa darnos la oportunidad de ser vulnerables y sensibles con lo que pensamos y sentimos. Y es como en todo: primero debemos aceptar el problema y luego conocerlo plenamente para, ahora sí, buscar una solución relevante. La intimidad es una inmersión en nuestro yo y todos sus visitantes (sensaciones, sentimientos, pensamientos...), es dejarnos empapar sin reservas en busca de la respuesta.

"Al arribar con honestidad y apertura a la experiencia de este momento creas entonces la posibilidad de responder con sabiduría y compasión. Por ejemplo, la aceptación radical de la ansiedad puede incentivarte a que compartas tu experiencia con un amigo cercano, salgas a caminar al bosque o escribas una entrada en tu diario", concluye Tara.

Gracias a la aceptación, tomamos decisiones conscientes que, a la larga, se convierten en soluciones más acertadas a nuestros problemas y motivos de sufrimiento.

La gracia de dar gracias

Llevo más de 15 años con el hábito de levantarme cada mañana y hacer mi sesión de agradecimiento, la cual dura unos cuantos minutos pero cuyos beneficios siento cada vez más. Siempre doy las gracias por todo lo bueno recibido y por todo lo bueno que vendrá. Sé que el futuro es incierto, pero agradecer por anticipado me ha hecho más fuerte y, sobre todo, más consciente de que todo es por algo y para algo.

Procuro agradecer antes de comer, antes y después de una intervención en radio, televisión o una conferencia, pero sobre todo y en su momento, he llegado a agradecer hasta por lo no tan bueno que me ha sucedido. Sé que no siempre es fácil pero con base en la repetición se ha convertido en un hábito maravilloso.

Dar las gracias es apreciar lo que tenemos hoy y no lamentarnos por lo que nos falta en comparación con el ayer o el mañana. Con el hábito de la gratitud adoptamos una disposición por buscar excusas de las buenas: razones para darle la bienvenida a la belleza, a la bondad y a todas las bendiciones vertidas sobre el mundo.

Te preguntarás: ¿De verdad el agradecimiento puede elevar el nivel de felicidad?

La gratitud y la felicidad van de la mano, según la clara y constante evidencia científica. En un estudio de las universidades de California y de Miami, reclutaron a participantes, a quienes dividieron en tres grupos: a unos les indicaron que escribieran las cosas por las que se sentían agradecidos durante la semana, a otros les solicitaron que anotaran los enfados o molestias de ese periodo, y a los últimos que hicieran lo propio con las situaciones que los habían afectado (sin enfatizar si la afectación fue positiva o negativa). Luego de 10 semanas, aquellos que escribieron sus experiencias de gratitud fueron más optimistas, se sintieron mejor con sus vidas, incluso tuvieron menos visitas al doctor que el resto.

En otro estudio de la Universidad de Pensilvania, se les solicitó a los participantes enviar una carta de agradecimiento a alguna persona que lo mereciera. Tras cumplir con el encargo, los participantes aumentaron sustancialmente sus niveles de felicidad; aumento que, por cierto, les duró hasta un mes.

"Cuando agradeces, el miedo desaparece y la abundancia aparece", dice Tony Robbins, un convencido de que dos sentimientos no pueden ocupar el mismo espacio: "Las dos emociones que más nos arruinan son el miedo y el enojo, es imposible agradecer y tener miedo simultáneamente; y no puedes estar enojado y agradecido a la vez."

En un reporte, la Universidad de Harvard reconoce los beneficios de la gratitud y aconseja cultivarla escribiendo notas de agradecimiento, llevando un diario, haciendo un corte semanal de las bendiciones recibidas, rezando o agradeciendo mentalmente a quienes nos han brindado alguna alegría.

Meditación = entrenamiento mental

Yo sé que es más fácil decirlo que hacerlo. Lo del *mindfulness* parecerá una gran idea, pero ¿cómo romper hábitos tan arraigados como la distracción y la reacción emocional?

Recordemos el experimento que comenté al inicio de este apartado. La práctica del *mindfulness* es tan poderosa y el cerebro es tan plástico que hay más razones para ser optimistas que pesimistas.

TODO LO QUE NECESITAMOS ES LA ACTITUD DE PROVOCAR UN CAMBIO EN NUESTRAS VIDAS E INICIARNOS EN ESTE CAMINO. LA MEJOR MANERA DE HACERLO ES CON LA PRÁCTICA DE LA MEDITACIÓN, UNA ESPECIE DE ENTRENAMIENTO QUE NOS PREPARA PARA EXTENDER EL HÁBITO A TODO NUESTRO QUEHACER COTIDIANO.

Meditar es como prepararse en un gimnasio. En él tenemos las condiciones controladas para entrenar con miras a enfrentar una competencia; cuando ésta llega, estamos listos para afrontar los contratiempos que ahí se presenten. Así es también con la meditación: nos sentamos a enfocar nuestra mente dentro de un lugar cómodo y silencioso a fin de crear una estela de habilidades y hábitos que nos mantenga imperturbables aun en lugares ruidosos y caóticos, como la calle o la oficina.

Aunque originalmente está asociada con las prácticas budistas e hinduistas, la meditación ha sido recibida por la ciencia con los brazos bien abiertos. Gracias a pruebas de comportamiento y resonancias en laboratorio, la meditación ha probado ser de ayuda para sobrellevar enfermedades, aliviar dolores, mejorar cuadros de depresión e incrementar nuestras capacidades de concentración, creatividad y compasión.

Aunque hay muchas, todas las técnicas de meditación tienen algo en común: inclinamos la mente hacia algún objeto de meditación. Recordemos que en la de *mindfulness* el objeto de meditación es todo lo que ocurre; es decir, todo estímulo, sensación, pensamiento o emoción que experimentemos.

Daniel Goleman, un apasionado del tema, cita un estudio de dos investigadoras de la Universidad de Emory. Utilizando escáneres para medir la actividad cerebral mientras la gente meditaba con la técnica del *mindfulness,* las científicas encontraron cuatro procesos básicos de esta práctica: **1)** nos enfocamos en un objeto de meditación (como la sensación de la respiración, por ejemplo), **2)** la mente divaga, **3)** notamos dicha distracción, **4)** regresamos nuestra atención al objeto original de meditación.

En una sesión de meditación de *mindfulness,* te distraerás una y otra vez, es normal. ¿Y qué te toca hacer a ti? Reubicar pacientemente tu atención donde la tenías, una y otra vez. Con el tiempo, notarás que tu concentración mejora y, con ello, también el control que tienes sobre tu propia mente.

El acto de meditar no demanda gran cosa, realmente. La Universidad de Harvard emite una pequeña guía, que aquí te resumo: siéntate cómodamente en una silla o en el piso, adopta una postura de espalda recta y hombros relajados; cierra tus ojos; respira de forma lenta, profunda y amable; mantén tu mente enfocada en el objeto de meditación.

Para facilitar el proceso, puedes apartar y adecuar un espacio que sólo asocies con la actividad de meditar. Si lo haces en tu cama, por ejemplo, corres el riesgo de concentrarte tanto, pero tanto, que acabarás babeando en el mundo de los sueños.

Con tan sólo meditar 15 minutos marcarás diferencia. Cuando pintes y estabilices una son permanente, agradecerás a ese yo del pasado el hecho de que haya invertido un cachito de su tiempo en beneficio de esos 1425 minutos restantes de tu día.

En síntesis, es tan simple como esto: atención aquí y ahora; pero para ser más precisos:

— Presta atención al aquí y al ahora.
— Acepta el aquí y el ahora.
— Agradece el aquí y el ahora.
— Regresa al aquí y al ahora.
— Adiéstrate en todo esto con la práctica de la meditación.

Es difícil pensar y actuar con claridad en medio de una tormenta. Las desgracias ocurren cuando actuamos poseídos, cuando el instinto nos arrebata el control. El *mindfulness* es un oasis de tranquilidad ante este ajetreo. Tempestad que llega, tempestad que acogemos sin que cause mucho desastre. Una vez amainada, con la satisfacción de haberla sobrevivido, es momento de reflexionar sobre los sentimientos que surgieron y las razones que la provocaron.

Qué distinto nuestro juicio cuando estamos bajo la influencia del miedo o del enojo, ¿no? Es como si fuésemos una persona completamente distinta. La pregunta es: ¿Harás lo suficiente para que esa versión de ti, tranquila y feliz, llegue para quedarse?

Así que ¡a meditar se ha dicho!

5

LA SOLEDAD, ¿PUEDE ENFERMARTE?

¿

En serio? ¿Es mejor estar solo que mal acompañado?
¿A qué le llamamos mal acompañado? Porque hay ocasiones que agarramos parejo. Mal acompañado con quien no piensa igual que yo, con quien no me gusta su forma de ser, o de hablar o de discutir.

Prefiero estar solo a tener que adaptarme a alguien que tiene manías y costumbres que no me agradan.

Prefiero la soledad a tener que aguantar a los sobrinos o nietos aquí en la casa, porque son muy ruidosos.

Prefiero estar solo a tener que aguantar a gente en mi casa que me deja un tiradero que después tengo que recoger.

Prefiero estar solo y, si es posible, trabajar desde mi casa donde no tenga que ver a nadie y tratar lo mínimo posible con los demás.

Puede ser que sientas algo exageradas algunas de las frases anteriores, pero son frases que he escuchado de diferentes personas.

Sí, tengo que manifestar que a mí me gustan y disfruto los momentos de soledad, pero son sólo eso, momentos. Para nada me gustaría pasar la mayor parte del tiempo solo como mi amigo Iván.

Con 58 añitos de edad, pero su edad aparente es de 65, pelo totalmente blanco, arrugas muy marcadas, divorciado, con dos hijos casados. Muy achacoso y la respuesta a la pregunta de un "¿cómo estás?", siempre es muy similar: "¡Todo jodido, pero estoy!"

Trabaja diseñando páginas web desde su casa.

Literalmente odia los amontonamientos y dice que sinceramente no le gusta la gente: "Entre más lejos estén de mí mejor. A mis nietos, los disfruto cuando llegan y más los amo cuando se van", me dice con una sonora carcajada.

Odia los perros y cualquier tipo de animal, a menos de que esté muerto y se pueda comer, su casa parece un museo para ver pero no tocar.

No le gusta que le muevan sus soldados de plomo que colecciona desde hace más de 30 años. Su nieto mayor un día tomó tres de ellos para jugar y el grito que dio todavía se escucha en el sepulcral silencio de su casa.

"¿Vecinos? No los conozco ni me importa conocerlos." "Es más —me dijo en una ocasión—, cuando salgo y por azares del destino nos topamos las miradas, ni el saludo les doy. Es que empiezas a llevarte con ellos y luego no te los quitas de encima. Mejor que ni me saluden. A mis hermanos no los veo, sólo en Navidad y porque no me queda de otra. Además siempre se están quejando de todo y ya con mis propias quejas tengo como para escuchar más. Es en serio César, amo la soledad y así soy feliz. Tú sabes que los amigos se cuentan con una mano, y a mí me sobran 5 dedos y no por eso te ofendas." (Por cierto, él siempre ha dicho que yo soy su conocido, no su amigo.)

¿Así o más claro?

El día que murió su madre, igual de antisocial que él, analicé lo triste que puede ser un acontecimiento de esa índole al acudir a darle el pésame y que no haya más gente expresando sus condolencias. Sólo él y sus tres hermanos.

Un velorio nada taquillero, o sea, nada concurrido. Es de esos lugares donde es difícil irte rápido porque se notaría de inmediato tu ausencia.

Recordé el día que un amigo comediante me invitó al teatro a ver su show; fuimos mi esposa y yo, y menuda sorpresa que nos llevamos al llegar al lugar: no había sillas, pero ¡ocupadas! Un teatro para 500 personas con 498 lugares vacíos, sólo ocupados los dos de nosotros.

Faltando 5 minutos para el inicio llegaron 4 personas más.

Bueno, algo es algo, le dije a mi esposa, pero la ausencia de gente se notaba cuando no me reía de algunos de los chistes. Así que a reír y fuerte, aunque sea sólo por terapia, porque ya se demostró que la risa, aunque sea falsa, es muy saludable.

—No nos vamos a llevar nada —pensé cuando me encontraba platicando con mi "conocido" Iván—, lo único que quedará son los afectos otorgados y las vidas que tocaste.

—¿Así soy y qué? —sentenció Iván—, no me importa estar solo y así es mi vida.

—¿No te da miedo enfermarte y que no haya nadie que te pueda ayudar en esos momentos?

—No, siempre he sido enfermizo, porque tengo bajas defensas. Bueno, eso dijo un médico que me atendió durante dos años que me enfermé de muchas cosas.

¿En serio es mejor estar solo que mal acompañado? ¿No será esa la causa de sus múltiples achaques?

La verdad, no creo que sea difícil hacer amigos. Estoy seguro que a Iván le tiene sin cuidado lo que a continuación te comparto.

Los psicólogos y científicos de varias Universidades de gran prestigio han descubierto que hay algunas acciones que podemos hacer para causar un buen impacto y caer lo mejor posible a las personas que deseamos cerca.

El efecto camaleón

Un estudio de NYU dice que imitar de forma discreta y sutil el comportamiento, como los gestos o movimientos al hablar, de otra persona ayuda a que sientan una mayor empatía hacia nosotros.

Revela que tienes defectos

Todos cometemos errores, pero no todos los expresan. Hay quienes con el afán de caer bien no aceptan o expresan sus fallas o errores para así no dejar al descubierto que no son perfectos, pues eso los haría más vulnerables y permitiría que los demás se puedan relacionar con ellos fácilmente. Un investigador de la Universidad de Texas descubrió este fenómeno durante un experimento en el que solicitó a un grupo de estudiantes dar sus impresiones sobre algunas personas a las que les pidió cometer una serie de errores durante unas pruebas, el estudio reveló que errar hacía que quienes observaban tuvieran una reacción más favorable.

Contacto humano

Tocar a alguien, obvio, en forma sutil, no manoseo mal plan, es una de las mejores maneras de expresar calidez y hacer que alguien se sienta más cómodo contigo, esto no quiere decir que vayamos por la vida toqueteando o abrazando a todo el mundo, pero un estudio de la Université de Bretagne y posteriormente uno de la Universidad de Mississippi demostraron que tocar ligeramente a alguien, como una palmadita en la espalda, puede cambiar la manera en la que nos perciben.

Escuchemos más de lo que hablamos

Un estudio de la Universidad de Harvard reveló que cuando hablamos de nosotros, se produce una sensación de satisfacción similar a cuando comemos algo que nos gusta, por lo que dejar que alguien hable un poco de sí ayuda a que se sienta mejor también.

Enfócate en lo que tienen en común

Tener cosas en común une a las personas. Y la mejor prueba de esto es cuando nos agrada mucho alguien con fines románticos y utilizamos frases como "¡yo también!", "¡a mí tampoco me gusta la mantequilla!", "¡es el mismo tipo de películas que me gustan!", etcétera.

El psicólogo Theodore Newcomb, dice que las personas tienden a tener preferencia con aquellas con quienes comparten cosas en común, por lo que enfocarte en los puntos, opiniones y valores que comparten es garantía de que vas a caerle bien a alguien.

Amigos y familiares: el mejor seguro contra la soledad

Chuck McCarthy es famoso por ser el primer "paseador de gente" de Los Ángeles. Su servicio es simple: caminar y convivir con sus clientes, quienes le pagan siete dólares por milla recorrida en los parques y calles de la ciudad.

Del otro lado del Atlántico, Kitty Mansfield cobra 45 libras esterlinas por una hora de abrazos. Se denomina la primera "acurrucadora" del Reino Unido y se dedica a abrazar y apapachar a sus clientes, quienes solo buscan una dosis de intimidad; por si algún caballero tiene interés, tengo que aclarar que las relaciones sexuales están estrictamente prohibidas.

Estos oficios —impensables hace apenas unas décadas— responden a uno de los principales problemas del mundo moderno: la soledad. En esta sociedad en la que es más fácil conseguir relaciones sexuales que cultivar un sentido de intimidad profunda con otros seres humanos, el acompañamiento y la amistad corren el riesgo de caer en desabasto.

Las razones son varias: el materialismo, el entretenimiento en casa, la crisis del matrimonio, la desunión familiar y hasta las redes sociales con su efecto paradójico de conectar a muchos pero de profundizar tan poco. Ya lo dice Eric Klinenberg, sociólogo de la Universidad de Nueva York:

"Un montón de investigaciones muestran que es la calidad, no la cantidad, de las interacciones sociales la que mejor predice el sentimiento de soledad."

Soledad: ¿Epidemia o pandemia?
La tendencia trasciende fronteras. El mundo entero parece estar adoptando un estilo de vida más individualista, que si bien es seductor al principio, puede ser traicionero al final. Veamos algunas muestras:

— En México, según datos recabados en 2013 por el INEGI, en sólo una década el número de personas mayores de 25 años que viven solas se ha duplicado.
— Sociólogos de las universidades de Arizona y Duke, descubrieron que mientras en 1985, 25% de los estadounidenses aseguraba tener sólo uno o de plano ningún confidente con quien compartir asuntos importantes, en 2004 la cifra escaló al 45%, casi el doble.
— En un estudio nacional que tomó la opinión de 43 000 jóvenes universitarios de Canadá en 2016, se develó que más de 66% reportó sentirse "muy solo" durante el año anterior.
— En el Reino Unido, una encuesta aplicada por la BBC arrojó que 48% de los adultos de ese país sentían distintos grados de soledad.
— Australia no se queda atrás, pues 60% de los ciudadanos se siente solo "con frecuencia" y más de 80% piensa que la soledad se está incrementando en la sociedad, según una encuesta a nivel nacional.

Los números no mienten. La soledad parece ser una pandemia silenciosa, de ésas que no alertan a las autoridades sanitarias pero sí nos pueden enfermar poco a poco desde adentro.

La soledad duele y mata

Tendemos a subestimar los problemas psicológicos. Los descartamos como si fueran secundarios; un vil capricho o debilidad de carácter, en comparación con las enfermedades del cuerpo.

CREEMOS QUE LA SOLEDAD NOS ROMPERÁ EL CORAZÓN COMO SI FUERA UNA METÁFORA, SIN REPARAR EN QUE, LITERALMENTE, EL PELIGRO ES PARA EL ÓRGANO QUE LLEVAMOS EN EL PECHO. UN ESTUDIO RECIENTE HALLÓ QUE EL AISLAMIENTO INCREMENTA EL RIESGO DE PADECER ENFERMEDADES CARDIACAS EN 29% Y DE INFARTO EN 32%. SEGÚN OTRO ANÁLISIS DE 3.4 MILLONES DE CASOS, LAS PERSONAS SOLITARIAS TIENEN 30% MÁS PROBABILIDAD DE MORIR EN LOS SIGUIENTES SIETE AÑOS.

Suponemos que, como en Las Vegas, todo lo que pasa en la mente se quedará en la mente; que el dolor psicológico de la soledad no calará en los huesos. Sin embargo, nuevos estudios científicos nos aclaran lo equivocados que estábamos.

Investigadores de la Universidad de California, en Los Ángeles, y la Universidad de Chicago, han encontrado el verdadero y profundo costo de separarnos de nuestros seres queridos: en la gente solitaria se suprimen ciertas funciones del sistema inmunitario y se activan genes que incentivan la inflamación del cuerpo, la cual precipita con mayor facilidad enfermedades como aterosclerosis, Alzheimer y cáncer. Nuestro sistema inmunitario adopta un estado que nos hace propensos no sólo a enfermar por virus o bacterias, sino por otras afecciones autoinmunes.

¿Por qué ocurre esto? Se especula que el cuerpo percibe a la soledad como una amenaza de muerte: "Es una especie de reacción defensiva de tu cuerpo si cree que serás herido en el futuro próximo", dice el doctor Steve Cole, uno de los investigadores.

Para entenderlo, debemos ubicar el ejemplo miles de años atrás, cuando nuestros antepasados necesitaban de sus tribus para sobrevivir a las amenazas del entorno. Al verse solo, el cuerpo se adelanta a lo que puede ocurrir en el futuro: se pone en guardia y ordena un influjo de anticuerpos que se alistan para combatir el peligro. El tiro puede salir por la culata, pues las reacciones desestabilizan y debilitan nuestro sistema a la larga.

Al grado que "la tasa de mortalidad por contaminación del aire es de 5% y por el sentimiento de soledad es de 25%", nos dice John Cacioppo, investigador de la Universidad de Chicago.

Naomi Eisenberger, otra profesora de la Universidad de California, en Los Ángeles, abona al tema con un experimento para medir los efectos del rechazo social. Conectó a personas a escáneres cerebrales y las dispu-

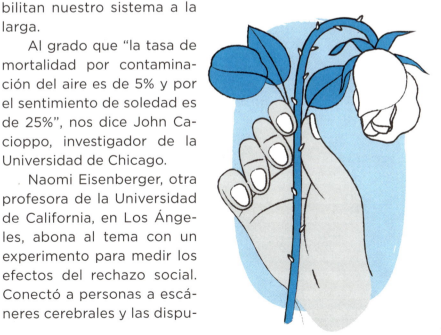

so a interactuar en un videojuego en línea cuyo objetivo era pasar una pelota entre los participantes. Se les dijo que en la dinámica tomarían parte tres jugadores, cuando en realidad los otros dos eran computadoras programadas para compartir la pelota con el humano en un principio, para luego ignorarlo por completo con el paso del tiempo.

Los participantes que se mostraron más sensibles a este rechazo registraron un incremento en la actividad de dos áreas cerebrales asociadas con el dolor físico. Eisenberger cree que el apego y los vínculos afectivos entre las personas son tan importantes que el dolor psicológico de la soledad se coló al mismo canal del dolor físico en algún punto de nuestra evolución. El cuerpo emite señales de alerta similares para ambos tipos de molestia. La soledad sí duele literalmente.

Incluso "la soledad es un factor de riesgo de muerte prematura tan importante como la obesidad y el tabaquismo", afirma Dhruv Khullar, médico residente del Hospital General de Massachusetts.

Ante este cúmulo de evidencias, más vale que nos empecemos a tomar los dolores sociales y psicológicos con la misma seriedad que los físicos. Y esto empieza con la prevención: nuestros seres queridos son esa medicina preventiva que debemos administrar siempre, como si emprendiéramos una campaña de vacunación eterna.

Lazos familiares, lazos con la vida

Dado que son producto de la preferencia y no del destino, bien podríamos pensar que los amigos son como hermanos por elección y que, por lo tanto, nos pueden acarrear mayor bienestar. Pues un estudio de la Universidad de Toronto parece haber encontrado lo contrario, al menos en el renglón del bienestar físico.

Un grupo de sociólogos solicitó a tres mil adultos mayores hacer una lista de sus seres queridos a los que consideraran más cercanos. Cinco años después revisaron las listas y encontraron lo siguiente: quienes eligieron más familiares y amigos en su lista (sin contar esposo o esposa) tenían la tendencia a vivir más años, quienes sólo pusieron a sus amigos vivían menos años. Incluso en esos cinco años fallecieron más personas que pusieron a poca gente en su lista.

JAMES IVENIUK, LÍDER DE LA INVESTIGACIÓN, ESPECULA QUE ESTO ES PORQUE A LOS LAZOS FAMILIARES LES ATRIBUIMOS UN SIGNIFICADO DIFERENTE. ES TAN FUERTE Y PROFUNDO QUE NOS INCENTIVA A MANTENERNOS CERCA Y A BRINDAR UN APOYO INCONDICIONAL SIN COMPARACIÓN CON OTRO TIPO DE RELACIONES.

Y vaya que estos lazos sanguíneos son más estrechos en nuestros países latinoamericanos en los cuales los abuelos cuidan nietos por deporte, los hijos no salen de casa hasta su casamiento y en donde es pecado comer a solas, sin hacer sobremesa con padres y hermanos. Éstas son de las costumbres que deberíamos atesorar y resguardar frente la amenaza que supone la vida moderna.

Nada como la familia
Un descarado podría justificarse diciendo: "¡Bah! Yo no necesito a mi familia; cuando sea viejo, mi dinero se encargará de conseguirme el mejor de los asilos", incluso mi amigo Iván podría pensar eso. ¿Cuánta razón tiene? ¿Qué tanto beneficio derivamos de las puras prestaciones logísticas que brinda la familia?

Me gustaría que Iván leyera lo que a continuación te comparto: resulta que el bienestar no está en el cambio de pañales o en echar la mano en situaciones de emergencia. Va mucho más allá. Así lo refiere un estudio de la VU University Amsterdam, el cual separó la influencia que tiene sobre las personas mayores el apoyo instrumental —la conducta con la que ayudamos de forma directa, como realizar un trabajo o hacer un favor— y el apoyo emocional —desarrollo de sentimientos positivos como empatía, confianza, consideración y amor.

Tal como otros estudios sugieren, éste confirmó que recibir apoyo emocional de familiares está generalmente asociado con un mayor bienestar de los adultos mayores, mientras que el instrumental tuvo nula influencia sobre él.

Para ponerlo en perspectiva, esto significa que nuestras intenciones positivas y amorosas cuentan mucho más que las acciones que pueden hacerse de manera mecánica. Mientras que, en efecto, uno puede suplir a los familiares con empleados en las necesidades físicas, esto es imposible con las necesidades afectivas. El bienestar que transmite un familiar no lo logran ni diez empleados —ipor más buenos y voluntariosos que sean!

La evolución de la amistad

Un estudio de la Universidad de Brooklyn College, monitoreó las relaciones de amistad y su impacto en el bienestar de 200 personas durante más de 30 años. Tras los análisis, los investigadores encontraron un patrón. La felicidad en la mediana edad se asocia con dos cosas: la cantidad de amigos cuando estamos en nuestros 20 y la calidad de las amistades cuando transitamos los 30.

El diagnóstico ilustra perfectamente cómo evolucionamos con el tiempo. En nuestra juventud confluyen distintos factores que nos inspiran a emprender la aventura. Nos buscamos a través de distintos grupos sociales. Esta prueba y error de amistad ocurre mientras nuestra identidad, aún tierna, trata de echar raíces más firmes.

Una vez que la moldeamos con los encuentros y des-encuentros de la vida, estamos listos para ser selectivos, porque ¿cuántas veces no nos sucede que perdemos la afinidad con algunos amigos al paso de los años? Quizá aquella persona tan especial en su momento prefirió recorrer un camino radicalmente distinto, y por el trecho que ahora nos separa se volvió irreconocible.

El estudio refrenda que esto es de esperarse, no tanto de temerse. Aquí el nombre de la medicina es la honestidad y su prima hermana: la aceptación. Abracemos la idea de que ciertas personas o grupos ya cumplieron su propósito en nuestra vida y, si bien merecen toda nuestra gratitud por el pasado, deben dar paso a quienes nos ayudan a cristalizar nuestros ideales de felicidad y significado en el presente.

En la adultez el tiempo es limitado. La frase "decidir es renunciar" siempre nos pesa en la idea, pero es liberadora en la práctica. Si hemos de magnificar aquello que nos hace felices, entonces debemos entregarnos a quienes han pasado mejor la prueba del tiempo. Aquellas viejas amistades que han añejado mejor o incluso las nuevas, que traen consigo aires de frescura.

Entre amigos, la felicidad es contagiosa

Sabemos que la risa es contagiosa. Robert R. Provine, profesor de la Universidad de Maryland, dice que reír es benéfico para la salud, en gran medida por su componente social; es decir, por la convivencia con amigos y familiares que genera la risa. En sus investigaciones, Provine ha descubierto que la gente es 30 veces más propensa a reír cuando está acompañada que cuando se encuentra a solas.

Pero ¿qué hay de la viralidad de una emoción más sutil como la felicidad?, ¿qué tan contagiosa es? Investigadores de las universidades de California, en San Diego y Harvard, descubrieron que la felicidad viaja en ondas expansivas a través de nuestros círculos sociales.

Como la gente feliz tiende a ubicarse en el centro de sus redes de amistad, el sentimiento se extiende hasta tres grados de su círculo de influencia inicial: en otras palabras, cuando somos felices no sólo contagiamos el júbilo a nuestros amigos, también a los amigos de nuestros amigos y a los amigos de los amigos de nuestros amigos.

Los investigadores afirman que los resultados obtenidos comprueban que la felicidad tiene un impacto y una función similar a los de actos más simples como reír o sonreír en compañía de los demás. Entonces, así como pasar un buen rato con nuestros seres queridos refuerza nuestro vínculo con ellos, ser felices tiene el potencial de unirnos de una forma trascendente, dado que el sentimiento se propaga al resto de la sociedad a través de ellos.

El estudio advierte que la alegría no tiene la exclusividad. Los sentimientos y comportamientos negativos llevan consigo el mismo potencial. Por ejemplo, otras investigaciones han revelado que el tabaquismo y la obesidad proliferan de forma similar entre nuestros grupos sociales.

Como especie, gustamos de expresar nuestros sentimientos y nos abrimos a los del resto a través de la empatía y la simpatía. Somos como antenas emocionales que transmiten y reciben señales afectivas. Por tanto, ¿qué clase de señales estamos emitiendo al mundo?, ¿con quiénes nos relacionamos y qué sintonizamos con ellos?, ¿cómo podemos afinar nuestras antenas para diseminar el bien entre nuestra sociedad?

La soledad es un asunto serio. Aunque ya abandonamos las cavernas, seguimos siendo los humanos de siempre. Y sin embargo ahora se han invertido los papeles, lo que antes eran meras guaridas para refugiarnos de las inclemencias del medio ambiente ahora son casas que, si bien nos protegen, entrañan el riesgo de aislarnos de los demás. Con esto, el verdadero peligro ya no está fuera, sino dentro de nosotros.

Porque ya vimos que la felicidad es cosa de varios, no sólo de uno. Es un proceso de dar y recibir. Si somos un factor multiplicador, se eleva casi a nivel de responsabilidad social nuestra tarea de aumentar esta resonancia. ¿Qué haremos para hacer que nuestra influencia positiva tenga más eco fuera y dentro de nosotros?

Solo ¡y qué!

Acepto que me gusta la soledad, pero no por mucho tiempo como ya dije. Disfruto inmensamente cuando estoy solo para tener mi sesión de meditación u oración, y por supuesto, todos estos momentos en los que escribo un libro, generalmente es en soledad, pero no por eso quiere decir que me gustaría por más tiempo.

Claro que no faltan los que defienden su soledad diciendo que así son más felices, como el caso de Iván, y éste que te comparto a continuación:

Jorge es de esos seres ermitaños del siglo XXI. A sus 58 años de edad vive solo, no es afín a las fiestas ni a cualquier tipo de evento social.

Mi relación con él es meramente profesional, ya que es un proveedor importante de mi empresa, pero le he conocido lo suficiente para saber y compartir con su consentimiento, su historia de vida.

Felizmente divorciado, según sus propias palabras, pero de feliz no tiene nada ya que durante su matrimonio la pareja estuvo llena de múltiples muestras de agresividad verbal y humillaciones mutuas.

Adjudica su fracaso matrimonial a que "se casó muy joven y le faltó disfrutar la vida", (textual).

Tres hijos, dos varones y una mujer, profesionistas, su hija divorciada también y sus dos varones continúan solteros viviendo con su mamá.

Jorge defiende fervientemente su soledad obligada y por decisión propia. Obligada porque su ex esposa no quiere verlo, ni él a ella. La relación terminó sumamente fracturada y sus hijos rara vez lo frecuentan, y por decisión propia también porque él no hace absolutamente nada por unirse a ellos.

Tiene 6 hermanos a quienes por cierto no soporta y sus padres murieron hace pocos años.

"¿Amigos? ¿Para qué los quiero? Todos son una bola de oportunistas que buscan fregarte de algún modo —también textual. Mira César, en la vida he aprendido que es mejor estar solo que mal acompañado y así no tienes que rendir cuentas a nadie de lo que hagas o no hagas. Ya cumplí con traer hijos al mundo y parece que son personas de bien, aunque no me quieran ver por todo lo que su madre les ha inculcado en contra mía, y eso, la verdad, me tiene sin cuidado. Allá ellos y su conciencia. Sigo trabajando, estoy ahorrando para que cuando sea más viejo no tenga que depender de nadie. Espero en Dios tener los recursos para pagar una casa de ancianos bien chin... (de primer nivel) y que me traten bien. A ellos, ¿dejarles algo? Ni un peso por malagradecidos. Que les deje algo su madre, a ver si tiene...", obvio que todo lo anterior también es textual.

Por supuesto que conozco la otra cara de la moneda, de personas que deciden vivir solos pero que frecuentan a sus familiares y tienen múltiples amigos. Sin embargo, creo que Jorge no conoce las impactantes investigaciones que ya he compartido contigo.

6

SER CORAJUDO
TE ACERCA AL FINAL...

En algún lugar leí un cuento que diré a continuación titulado, "Don Fregadetes".

Lo compartí por mucho tiempo en mi conferencia *Cómo tratar con gente difícil.* Este cuento podría ser realidad por lo fácil que es convertirse en una persona así.

Como su nombre lo insinúa, un Don Fregadetes —o doña— puede estar en cualquier hogar o trabajar en cualquier parte.

Persona mal encarada, enojada con todos o por todo, con una enorme carga de amargura o dolor, y que desea esparcir su pésimo carácter por doquier.

Estoy convencido de que a esa gente no se le quiere, se le aguanta, se le soporta, pero difícilmente se le puede llegar a querer.

Va su cuento a continuación, pero tengo que aclarar que de tanto decirlo le he ido agregando anécdotas, fruto de mi creatividad e imaginación:

Éste era un hombre entrado en años (para no herir susceptibilidades, no digo cuántos) que siempre se quejaba, despotricaba en contra de todo y de todos:

—¡El café está muy fríooo!

—¡El agua está muy calienteee! (extendiendo las palabras, haciéndolas como aborregadas).

—¿A dónde vaaaas?

—¿Con quién vaaaas?

La familia ya estaba harta del hombre; pero ese hartazgo es de los que normalmente no se dicen pero se piensan.

La esposa, sumisa y abnegada —como muchas que están leyendo este libro— acataba todas las manifestaciones de ira de Don Fregadetes. Siempre obediente, siempre callada porque así la habían educado sus padres. Una mujer está diseñada para hacer el aseo y obedecer a su hombre —le decía su madre que en paz descanse.

Don Fregadetes cumplía y cumplía años, no se veía fin de esa cuenta y para colmo de males venía de familia muy longeva; o séase, los pronósticos decían que su vida iba para largo...

Hasta que un bendito día —para la familia— se muere Don Fregadetes.

Poca gente en el velorio, porque el hombre no era muy taquillero.

Dígase taquillero en los velorios o a quien tiene muchos amigos y familiares que lo aprecian y acuden a expresar su pésame a la familia porque les duele su partida, pero en este caso pues ¿a quién le dolía? A nadie, digamos que una concentración infinita tenían que hacer la esposa, —ahora viuda— y los hijos para llorar, y la escasa gente que acudió murmuraba: "¿Por qué no se ha derramado una sola lágrima?"

Su mujer, para despistar la situación, cuando le daban el pésame, inspiraba con la nariz en señal de que muchos mocos estaban ahí fruto de haber llorado, pero las lágrimas brillaban por su ausencia.

Reitero, poca gente en el velorio, algunos de los cuales estaban ahí porque se equivocaron de capilla o porque el café era verdaderamente bueno, ¡y además gratis!

La viuda, toda acabada, con el rostro lleno de arrugas formadas, la mayoría de ellas, por la convivencia diaria con un hombre sumamente necio, mal encarado, amargado, quejumbroso a más no poder y que tenía prácticamente harta a la gente con la que convivió, especialmente a su abnegada esposa que lo aguantó 50 años de suplicio —por no decir matrimonio.

Entró el encargado de la funeraria para decir que había llegado la hora de terminar los servicios de velación y era momento de ir al panteón.

—¡Ya nos vamos a llevar a Don Fregadetes al panteón!

—¿Nos permite despedirnos de nuestro papá?—, dijo uno de los hijos. Le dijeron que sí, entonces se acerca al féretro gris, el más barato que existía en el lugar pues vieron que era un gasto superfluo o inútil invertir en uno de finas maderas.

"Al cabo —había dicho la hija de en medio—, es un ratito y todo se pulveriza al paso del tiempo y, además, a mi papá no le hubiera gustado que gastáramos mucho en una caja mortuoria."

El hijo se acerca a la caja con su debida concentración para soltar alguna de las lágrimas muy celosamente guardadas en lo más profundo de sus conductos lagrimales y que por más que deseaba, no salían.

Y en eso, al ver el vidrio a nivel de la cara del difunto, descubre que el vidrio se empañaba y se desempañaba... se empañaba y se desempañaba —como al compás de una posible respiración de quien ahí yacía.

Inmediatamente va corriendo con su hermano mayor para pedirle que le acompañara a ser testigo de tan extraño acontecimiento. Y ahí va otro de los hijos para confirmar que el vidrio de la caja se empañaba y se desempañaba, y se empañaba y se desempañaba....

¡*Amá*, venga! —eran de Allende, Nuevo León y la palabra *amá* era mucho más utilizada que la palabra mamá.

La viuda, harta de todo y todos (incluyendo del difunto) contesta.

—¡Ya, que se lo lleven!

—¡No, *amá*! ¡Venga!

Lentamente se acerca la viuda, toda encorvada y acaba-da porque así la dejó el difunto por lo necio y corajudo que había sido toda su larga vida.

Al acercarse lentamente como arrastrando los pies, no por el pesar de la muerte de su marido, sino por todos los años de friega y de aguantarlo, reitera la frase:

—¡Ya, que se lo lleven!

—*Amá*, venga, acérquese, venga a ver.

Se acerca entonces con el temor correspondiente ante una petición que no tenía una razón evidente; al asomarse a la caja, efectivamente ve que el vidrio se empañaba y se desempañaba, se empañaba y se desempañaba.

Ante el desconcierto, se acercan los cinco hijos restan-tes y atónitos escuchan al hermano mayor decir:

—*Amá*, a mí se me hace que papá está respirando. ¡A mí se me hace que papá está vivo!

La señora, enderezándose como nunca en tantos años, les dice:

—Aquel que abra esta caja, ¡se hace cargo de él!

Ya sabrás, los hijos volteándose a mirar unos a otros —o mejor dicho, *sordéandose* (no sé si exista la palabra)—, sin palabra alguna y dirigiendo la mirada a cualquier lugar o a ninguno, menos a la madre que expresó tan original orden.

El hijo mayor al ver tal reacción de indiferencia y negati-va de tomar tan grande responsabilidad, dijo:

—No, *amá*, a mí se me hace que son puras figuraciones— ¡y cerró súbitamente la caja mortuoria!

Abundan los Fregadetes, personas que, como dije, tienen y expresan tanto coraje, fruto de alguna historia cargada de dolor, lo cual no debería de ser una justificación, ya que todos conocemos a personas así que tal vez sufrieron mucho y no por eso se convierten en amargados e iracundos.

Conozco a varios así, pero hoy quiero hacer referencia a uno en especial, una excelente muestra representativa de estos especímenes que tanto abundan: Josué, hombre de 59 años y desde que lo conozco, hace más de 30, ha deseado demostrar su valía con su pésimo carácter. Esposo y padre de 3 hijos, dos varones y una hermosa hija.

Su esposa, mujer trabajadora durante muchos años en el magisterio. Sus hijos, todos titulados, dos de ellos decidieron casarse y mudarse a otra ciudad, me imagino que huyendo de su padre, el cual para todo expresaba su sentir con gritos. Su monstruosa voz se escuchaba en toda la casa, a cada momento, a todas horas, con excepción de sus espacios de sueño.

Todo lo pedía con gritos, todo lo expresaba igual. Todos saben menos, todos están mal, todos son unos ineptos, todos carecen de criterio; ni para qué discutir con él ya que siempre salías perdiendo o enojado. Por motivos diversos tenía que convivir ocasionalmente con él.

Mi estrategia era, simplemente, seguirle la corriente, consejo otorgado por mi abuela hace muchos años. "Con los locos no se discute", decía doña Pola cuando mi abuelo don Luis se ponía igual de iracundo.

"QUE HAYA UN LOCO Y NO DOS, PORQUE SI DISCUTES CON ÉL YA ESTÁS IGUAL DE LOCO." BENDITO CONSEJO QUE HE APLICADO CON CIERTA GENTE A LA QUE NO VALE LA PENA NI DESGASTE OTORGAR RESPUESTAS.

Así que con Josué utilicé dicha estrategia en cada ocasión que tenía que tratarlo.

Cuando veía a su bonita familia, no dejaba de asombrarme la actitud de su esposa, quien solamente asentía por todo lo que decía, pero no en señal de sumisión, sino de hartazgo escondido. Sus hijos levantaban la mirada en señal de desprecio cada que escuchaban que les hablaba desde otro lugar, pero nunca replicaban, nunca discutían, simplemente hacían lo que les pedía con cierta dosis de ironía por la cruz que les tocó cargar, sin conocer hasta el momento por qué Dios les había enviado tan original prueba.

—Tiene un genio de la patada —solía decir su esposa—, pero no sé el porqué, si relativamente Dios nos ha dado tanto.

Empezó a engordar con una panza que parecía que se tragaba cada coraje que hacía o no expulsaba debidamente todo lo que el cuerpo no necesita, empezando la gran cantidad de veces que se tragaba todo aquello por lo que no estaba de acuerdo.

Recuerdo la primera y única discusión que tuve o permití tener con él, en la cual alegaba que la vida después de la muerte no existía. Que cuando alguien muere simplemente se apaga y llega a un sueño eterno en el cual la nada es lo único que hay.

—Pues yo no pienso así y respeto tu opinión —opté por decir.

—Pues tú y todos lo que creen que hay algo más están mal —replicó como si él hubiera muerto y regresado para contar su experiencia a todos lo ineptos que tenemos creencias diferentes.

—Es tu opinión Josué y la respeto, pero yo pienso diferente a ti.

Bien dicen que hay tres temas en los cuales no es bueno discutir: religión, política y futbol. Pero para este hombre son esos tres temas y todos los que vengan en este momento a tu mente. De nada que lo contradiga se puede hablar con él.

Ante tal contradicción, su coraje fue tal, que se levantó y manoteando me dijo que debería de tener más cuidado en decir mis ideas erróneas de que hay algo después de la vida, cuando él estaba 100 por ciento seguro que no hay nada.

—¿Estuviste ahí? ¿Moriste y regresaste? ¿Alguien del más allá vino y te dijo que no hay vida después de la muerte? —pregunté sin medir las consecuencias.

—¡A mí nadie me contradice! ¡Ni tú, ni nadie!—. Me gritó con un apestoso aliento que me hizo dudar sobre si tenía razón, ya que olía a algo muerto, a lo mejor ya lo estaba y no me había dado cuenta.

Mi respuesta lo encolerizó aún más, sus ojos le salían de las órbitas, su cuello mostraba las venas y músculos contraídos, tensos a más no poder, sus puños cerrados como demostrando que estaba a punto de golpearme.

AHÍ APRENDÍ QUE HAY GENTE CON LA CUAL NO VALE LA PENA DISCUTIR NI DESGASTARSE. PERSONAS CUYO ÚNICO OBJETIVO ES ARMAR POLÉMICA Y PELEAR PARA AVENTAR TODA ESA BASURA QUE TRAEN DENTRO Y QUE LOS VA CARCOMIENDO POCO A POCO.

Está de más decirte que quienes son así sufren un deterioro físico mayor.

Josué a sus 59 años padece gastritis, hipertensión, problemas hepáticos y pancreáticos, y para colmo de males, ha sufrido un infarto, el cuál afortunadamente no tuvo consecuencias fatales gracias a la oportuna atención médica. Mejoró de esa grave crisis de salud, no sé si afortunadamente para su abnegada esposa, porque tengo que manifestar que el día de su gravedad en cuidados intensivos, no mostraba signos de tristeza, ni mortificación.

Te recuerdo que a los iracundos difícilmente se les quiere, ¡se les aguanta!

SER CORAJUDO TE ACERCA AL FINAL...

87

Si te enojas sales perdiendo.
Tengo que reconocer que no siempre he sido quien hoy escribe este libro.

He estado avanzando poco a poco a pasos firmes y seguros en el control de mis emociones. No siempre mantuve la calma cuando todos se enojaban ni tampoco sembré paz o armonía donde se necesitaba.

No puedo decir tampoco que crecí en un hogar donde la paz siempre reinaba y los buenos ejemplos siempre se encontraban.

Mi madre, como lo he dicho, se preocupaba mucho y mi padre no siempre estaba de humor y estoy seguro que esto tuvo que ver con la cantidad de hijos que procrearon. Siete hijos no es nada fácil. Lidiar con siete personalidades totalmente diferentes, además de las crisis económicas que se sortearon, definitivamente es para poner los pelos de punta a cualquiera.

Desde niño siempre encontraba justificación a mi enojo.

"¡Es que él empezó!"

"¡Se tardó mucho bañándose y se acabó el agua caliente!"

"¡Es que nadie me entiende!"

"¡Es que ya estoy harto!"

"¡Es que no puedo soportar a...!"

Y etcétera y etcétera y muchos más etcéteras.

Después viene mi etapa de casado y tengo que reconocer que disminuyeron mis arranques de enojo pero nunca desaparecieron.

Preferí escudarme con frases que me justificaran los escasos pero persistentes arranques de enojo como:

"Por la buena soy muy bueno, por la mala no me busquen", (muy matona esa frase, ¿no?).

O esta: "Me enojo poco, pero cuando me enojo, ¡exploto!"

O: "Difícilmente me enojo, pero cuando lo hago no me controlo."

Esas frases se hicieron decretos poderosos que me invitaban a que esos arranques de enojo o ira se presentaran como deben de ser.

Ya que me voy a enojar que sea ¡espectacular!

Apretar puño, saltar ojos, enrojecer la cara, llenar de sangre mis venas del cuello y decir palabras hirientes y en tono elevado para que vean que estoy en uno de esos episodios que tanto amenacé y que es imposible evitar —o bueno, eso creí por mucho tiempo.

Nunca hice esos espectáculos al aire libre y procuraba que fueran muy esporádicos para no espantar a mi esposa y mucho menos delante de mis hijos.

Durante mi práctica de médico jamás manifesté mi poca paciencia o mi enojo en público, pero sí en privado.

No daba lugar a que mis pacientes se dieran cuenta que el doctor sonriente y agradable que atendía a ellos y a sus hijos pudiera enojarse algún día y mucho menos cuando me tocaban pacientes iracundos que manifestaban signos de enfermedad como consecuencia de sus arranques.

—Tienes que controlarte Felipe—, imagina mi voz llena de paz y serenidad.

Cada que te enojas —añadía—, haz de cuenta que le das un trancazo a tu hígado y a tu páncreas y luego no te quejes de venir con problemas de diabetes o hipertensión. O ¿por qué no? A lo mejor hasta una embolia.

Y continuaba mi cátedra diciendo:

—No vale la pena enojarse por cosas que después no tendrán importancia.

¡Hasta me mordía la lengua cuando lo decía!

¿No me daba vergüenza estar recomendando lo que no vivía? "Al fin y al cabo —me decía— mis pacientes no tienen por qué conocer mi vida personal."

Después viene mi etapa como consultor, capacitador y conferencista, donde me adentré al mundo de la autoayuda y desde hace más de 20 años puedo asegurar que difícilmente me enojo, y cuando lo hago, jamás con los arranques que anteriormente tenía. La duración de mi enojo es de escasos minutos y luego lo olvido.

No ha sido fácil, no es una decisión y ya. Ha requerido años de práctica y sigo cayéndome ocasionalmente, pero he avanzado demasiado y espero seguir controlando mis emociones.

En mi conferencia *Agregando inteligencia a la emoción*, hago una encuesta al público: "Levante la mano quién es o vive con alguien que jamás se enoja."

Hay públicos en los cuales nadie levanta la mano, pero hay otros en los que sí. Una o dos personas lo hacen y algunos de ellos vienen acompañados de ese santo varón o esa santa mujer.

Increíble pero existen.

Historias de esposas, esposos o madres o papás que sus acompañantes me manifiestan que jamás se enojan.

Personas que llevan más de 20 años de casados y quienes están a su lado expresan con toda seguridad que jamás se enojan.

La verdad no han sido muchos a lo largo de 8 años que tengo impartiendo esa conferencia.

"¿Cómo le hacen?", me preguntaba yo. "¿Serán mudos o sordos? ¿Traerán un gen de la paciencia y prudencia en su ADN?"

—Si te enojas siempre sales perdiendo —me dijo un día uno de esos santos participantes a mi conferencia.

Un hombre de 49 años de edad, 23 años de casado con 3 hijos varones.

—La verdad no me enojo, porque siempre perdí cuando lo hice de joven. Un día decidí dejar esa costumbre y pues soy más feliz.

—¿Y no dices nada cuando algo te molesta? —pregunté.

—¡Claro! Digo lo que no me gusta y ya. Pero no le pongo enojo.

—¿Y el tráfico? ¿Y la gente necia? ¿Y cuando alguien te ofende sin razón? ¿Y los gandallas que se meten a la fila cuando tú llevas minutos u horas formado?

—Pues no, no me enojo, porque siempre pierdo.

O sea no le pone carga emocional o pasión desbordada a las palabras.

Esa frase de "el que se enoja siempre pierde" me la confirmó recientemente Aldrey, el arquitecto que está construyendo mi casa nueva.

Otro hombre que difícilmente se enoja y que mantiene una ecuanimidad fuera de este mundo.

—¿Nunca te enojas arquitecto? —le pregunté un día en el que hubo una falla de luz ocasionada en mi terreno y que afectó a toda la colonia.

—Sí, claro que sí, pero muy poquito —dicho con una voz de cura o pastor con años en las filas de una orden religiosa—, además esto que ocurrió no fue culpa nuestra; los cables estaban enterrados dentro de la propiedad cuando deben estar por debajo de la calle.

—Pues sí, pero me dicen que llegó una de las vecinas a punto de matarte.

—Sí, pero hablé con ella y le aclaré todo.

—¿Y ella siguió enojada?

—¡Ah, sí! Claro que sí. Pero pues le aclaré con mucho respeto que no teníamos responsabilidad y que se solucionaría el problema. Pero aun así me mentó la madre a mí y a todos los trabajadores.

Todo dicho con una tranquilidad como si me estuviera describiendo la última película de la vida y obra del Dalái Lama, mucho antes de ser desterrado del Tíbet.

La gente que trabaja con él me expresa que es estricto, pero siempre procura mantener la calma y el respeto con la gente, incluyendo clientes necios entre los cuales obviamente no me encuentro.

Me queda muy claro que mucho depende del temperamento o la personalidad que cada quien tenga.

Hay gente que literalmente les circula atole y por ende llevan un ritmo de vida sumamente lento y así son felices. Mientras otros parece que traemos chincuales en santa sea la parte y estamos acelerados por todo o por nada.

Ni sabemos por qué traemos prisa, pero así somos y se supone que así somos felices.

Te pregunto a ti, que estás leyendo este libro:

— ¿Te enojas más de dos veces al día?
— ¿Tu enojo es en forma explosiva?
— ¿Tu enojo dura más de 15 minutos?
— ¿Dices cosas que generalmente te arrepientes después?
— ¿La gente que te rodea te tiene catalogado como iracundo?

Se supone que si respondes a estas preguntas con un "sí", más de dos veces el nivel de tu enojo está fuera de lo normal y puede ser que en tu casa no te quieran, ¡te soportan! Lo cual es muy diferente.

Es en serio, a los iracundos no se les quiere, se les aguanta.

Estoy seguro que si los iracundos leyeran la siguiente investigación, empezarían a aplicar las técnicas de relajación, visualización y respiración que recomiendo en otros de mis libros.

El enojo: cómo hacer bella a la bestia

Decía el filósofo romano Séneca que: "La ira es como un ácido que puede hacer más daño al recipiente en el que se almacena que a cualquier cosa sobre la cual se vierta."

Y es que es una amenaza latente para todos: para nosotros y para el resto. Al expresarla sin control, mostramos el peor rostro de nuestra especie: abusos, asesinatos, guerras y hasta genocidios; al reprimirla, vertemos el daño hacia dentro y no sólo terminamos enojados con nosotros también quedamos expuestos a enfermedades como hipertensión o depresión.

Según lo explica la Asociación Americana de Psicología, esto sucede porque eleva nuestro ritmo cardíaco, presión arterial y la secreción de hormonas como la adrenalina y la noradrenalina.

Hulk puede ser un bebé de brazos comparado con cualquiera de nosotros cuando montamos en cólera (claro, dejando de lado lo verde y lo musculoso). Las reacciones fisiológicas que experimentamos con el enojo o la ira nos pueden convertir en una persona completamente distinta.

Producto de nuestra imaginación

El enojo suele ser un caso de desobligación; un "eres tú, no soy yo" al extremo. Por lo general creamos expectativas sobre el mundo y cuando la realidad las contradice contraatacamos con alguno de nuestros arranques. En vez de aceptar que es nuestra responsabilidad, culpamos a la persona o cosa que sentimos que nos quedó mal.

Pero la verdad es que nos enojamos porque queremos. Somos víctimas de nuestra imaginación: con nuestras expectativas le imponemos un "deber ser" a la realidad; con nuestras sospechas infundadas, nos olvidamos de lo que pasa y nos acordamos constantemente de lo que debería pasar.

El escritor e investigador Bernard Golden también nos dice que, usualmente, el enojo es una reacción a otros sentimientos incómodos —decepción, tristeza, ansiedad o vergüenza— que se ocultan debajo de la superficie. O sea que el estar de malas también nos hace propensos a estar "de peores".

Pero fíjate qué tan prolífica es nuestra mente gruñona: no sólo nos enoja, por ejemplo, que nuestra pareja decida salir con sus amigos (cuando quizá esperábamos que saliera con nosotros), sino que además le seguimos agregando a la cosecha cuando elucubramos que quizá esté coqueteando con alguien más. Esto desencadena más sentimientos negativos como ansiedad y miedo, lo que, a su vez, produce más enojo.

¿El que se enoja siempre pierde?

Dicho lo anterior, recordemos también que las emociones son energía. Gracias a ellas hemos llegado hasta aquí como especie. Sin ellas simplemente seríamos casi tan inertes como las piedras. Así que, por más mala que parezca, cualquier emoción tiene sus cualidades positivas. Si bien ya dijimos que el enojo es bestia, también es bella si la tomamos desde el ángulo correcto.

Científicos de la Universidad de Harvard estudiaron la influencia del enojo en nuestro juicio y nuestra toma de decisiones; proponen que sentimos esta emoción de diferentes formas. Por ejemplo, cuando reflexionamos acerca del origen de nuestro enojo en el pasado la sensación es desagradable; sin embargo, cuando la proyectamos al futuro es placentera.

Afirman que, si bien puede traer resultados negativos como agresividad y exceso de confianza, el enojo nos confiere un poder que, bien canalizado, puede traernos efectos sumamente positivos como sacarnos de la indecisión, del miedo excesivo a tomar riesgos y de la famosa "parálisis por análisis".

En pocas palabras, el enojo nos puede poner en movimiento. Es una energía que nos empuja, venga de donde venga. Piensa, por ejemplo, cómo un emprendedor exitoso extrae esta fuerza de voluntad para callar las bocas de los que dudaron de él.

Los científicos han probado que este uso positivo del enojo orienta a las personas hacia la mejora en muchos ámbitos de la vida: salud, relaciones sociales y carrera profesional. Pero el hallazgo más interesante es que el enojo colabora para lidiar consigo mismo; es decir, una persona enojona puede tener más energía y decisión para enfrentarse a las causas de su propio enojo. ¡Paradójico, pero cierto!

El científico Fred Luskin lo resume muy bien cuando define el "enojo constructivo" como aquel que usamos para solucionar un problema. Pues a usarlo sabiamente.

Blindaje contra el enojo destructivo
Ya comprobadas las cualidades del enojo constructivo ¿existe alguna forma de prevenir su opuesto: el enojo destructivo?

El investigador y autor Bernard Golden cree que la respuesta está en tres prácticas: *mindfulness,* autocompasión y autoconsciencia. Aunque les prestamos más atención en otros capítulos del libro, echemos un vistazo a cómo pueden tenderos una mano para salvarnos de uno que otro arranque de furia.

El *mindfulness* y su práctica de meditación previenen la reacción ciega y, como resultado, nos ayudan a evaluar nuestras experiencias. El *mindfulness* nos anima a recibir las cosas como vienen, a dar la bienvenida a las emociones y pensamientos sin sentir la necesidad de empujarlos. Esto nos estabiliza y nos abre la puerta a ver el enojo como lo que es: un sentimiento que nos visita de entrada por salida y no como un tirano que se apodera de nosotros.

SER CORAJUDO TE ACERCA AL FINAL...

95

La autocompasión es el complemento perfecto. Si con el *mindfulness* aceptamos el aquí y el ahora, con la autocompasión nos aceptamos a nosotros. Nos ayuda a sabernos merecedores de consideración, a comprender que somos humanos propensos al error y al arrebato, pero también capaces de entenderlos y superarlos. Según los estudios, con esta práctica aumentamos nuestra resiliencia y estabilidad, a la vez que disminuimos el juicio negativo, la comparación con los demás y el ponernos a la defensiva.

La autoconsciencia es la capacidad de voltear hacia nosotros y detectar los cómos y los porqués de nuestro enojo. Para esto, Golden nos recomienda llevar un diario como herramienta para ponernos en contacto con las situaciones y sentimientos que detonan nuestro enojo. En la medida que hagamos este ejercicio, entenderemos la cadena de hechos que suele llevarnos al enfado y, por lo tanto, identificaremos cuando estemos en cierto eslabón para actuar antes de que se salga de control.

"Bueno, ya me enojé, ¿ahora qué?"
Cuando somos víctimas del enojo de los malos, corremos el riesgo de convertirnos en nuestra peor versión y perder la buena imagen que los demás tienen de nosotros. A continuación comparto algunas maneras de sacudirse los demonios antes de que crezcan y se multipliquen.

— **Crea un distractor.** El doctor y profesor de la Universidad del Estado de Ohio, Brad Bushman, resume que lidiamos con el enojo de tres formas: reprimiéndolo, expresándolo o deshaciéndonos de él. Usemos una metáfora: la primera es aumentar la presión de la olla, la segunda es liberarla poco a poco y la tercera es bajarle la llama al fuego. Bushman nos dice que la última es la mejor y, para lograrla, requerimos desviar nuestro foco de atención lejos del objeto de enojo con técnicas como respirar hondo, contar hasta diez o escuchar música relajante.

— **Revisa el velocímetro y bájale dos rayitas.** Los investigadores Todd Kashdan y Robert Biswas-Diener afirman que el enojo no es tan problemático como nuestra impresión sobre la velocidad a la que va. Cuando estamos consumidos por él, nos hacemos la ilusión de que va en aumento, que el peligro está escalando y que el tiempo para intervenir se nos agota. Esta sensación de prisa nos orilla a tomar decisiones que pueden acabar con la amenaza, pero que pueden acarrear efectos negativos en el futuro. Los científicos aseguran que, por ello, es útil desarrollar en nosotros una especie de velocímetro para detectar si vamos en los niveles bajos de una ligera agitación, en los medios de una indignación, o de plano en los altos de sentir que nos hierve la sangre con violencia. Este autoconocimiento nos permite navegar entre estos niveles. A sabiendas de esto, la recomendación es ajustar y no actuar hasta que logremos estabilizarnos.

— **Sobre aviso no hay engaño.** En situaciones de enojo subestimamos mucho el valor de la honestidad, cuando es una de las herramientas más valiosas en situaciones críticas. La transparencia tranquiliza porque partimos del terreno de los hechos y no de las suposiciones. Los investigadores Todd Kashdan y Robert Biswas-Diener nos dicen que aceptar verbalmente nuestro enojo ante los demás, incluso pedirles perdón anticipadamente por cualquier reacción negativa, desarma una posible escalada de hostilidades. Los demás no sólo se tornan más empáticos ante nuestra cortesía, sino que toman precauciones para lidiar con el asunto con más cuidado y precisión.

— **Tómalo con humor.** El doctor Ryan Martin, profesor del departamento de Psicología de la Universidad de Wisconsin-Green Bay, dice que el humor (mientras no sea hostil y sarcástico) merma el enojo por la sencilla razón de que el estado psicológico de percibir algo como gracioso es incompatible con el del enojo. Digamos que es difícil reír y hacer corajes a la vez. El humor también se transmite, relaja a las personas que nos acompañan y, por lo tanto, descarga de solemnidad y tensión al ambiente. O como decía mi abuela cuando alguien manejaba velozmente y nos sobrepasaba con alguna ofensa, pobre hombre "se ha de estar cagando", situación que generalmente nos daba risa y nos ayudaba a ser "más comprensivos" y a mantener la calma.

— **Cambia de perspectiva.** El profesor Brad Bushman nos da otro valioso consejo, puesto que el enojo es un acto egocentrista, ponernos en los zapatos de la persona que nos lo causó sirve para atemperar los ánimos. Vamos a un ejemplo similar al del punto anterior, si un conductor se mete a nuestro carril a toda velocidad y su coche pasa a centímetros del nuestro, el puro hecho de repensar la situación con un simple "debe tener prisa por alguna emergencia", nos ayuda a ser más comprensivos y a mantener la calma.

Al principio afirmamos que el enojo nos puede convertir en una persona distinta, pero al final llegamos a la conclusión de que "distinta" no necesariamente significa "mala". Depende de cómo canalicemos nuestro enojo el que esa persona sea motivo de orgullo o de vergüenza.

Reza el dicho popular: "Para atrás ni para tomar impulso." El enojo vertido al pasado sólo despierta rencor y venganza; pero echado hacia delante libera una energía sin carga negativa y sí utilizable para las tareas nobles que nos quedan por emprender.

Entonces, el enojo es una herramienta poderosa tanto para el cobarde como para el valiente. El cobarde se deja quemar sin consciencia, mientras que el valiente toma la sartén por el mango. ¿Qué clase de persona moldearás con esta energía potencial?

7

AQUÍ ESTÁN LAS PRUEBAS DE QUE LA FELICIDAD ESTÁ EN TU INTERIOR

¿Por qué hacemos lo que hacemos? ¿Qué es exactamente lo que nos mueve? ¿Hacia dónde nos lleva?

El poeta norteamericano Walt Whitman dice en uno de sus bellos poemas:

¿Me contradigo acaso?
Muy bien, me contradigo.
Soy inmenso, contengo multitudes.

Cada humano es una multitud de impulsos, cada una tirando para su lado. Creemos algunas cosas y podemos terminar haciendo otras. No siempre sabemos lo que queremos y, cuando sí, lo buscamos, lo conseguimos y... el resultado no siempre es lo que esperábamos. Cual péndulo, cuando estamos cargados hacia un lado ansiamos el otro y al llegar a él extrañamos el anterior.

Veamos esta pequeña gran muestra. El economista y autor Arthur C. Brooks desmiente la idea de que la felicidad y la infelicidad sean opuestas. En estudios con resonancias magnéticas, se ha descubierto que, cuando estamos felices, algunas partes de la corteza cerebral izquierda se activan, mientras que con la infelicidad ocurre lo contrario: se estimula la derecha.

Diferentes partes, diferentes resultados. Por lo mismo, Brooks señala que ser más feliz que el promedio no quita la posibilidad de ser más infeliz que el promedio: "Hice una prueba. Encontré que, para la felicidad, estoy en la parte superior de la tabla entre la gente de mi edad, sexo, ocupación y nivel educativo. Pero también tengo una calificación muy alta en el rubro de infelicidad. Soy un melancólico alegre". Suena raro pero, así como lo cortés no quita lo valiente, lo feliz no necesariamente quita lo infeliz.

¿Cómo nos explicamos esta paradoja? Veamos las pruebas. Algunas teorías científicas establecen dos tipos básicos de motivaciones y metas detrás de nuestros comportamientos: las intrínsecas o internas y las extrínsecas o externas.

Las extrínsecas se centran en valores externos como la consecución de posesiones, dinero, reconocimiento social y apariencia externa; las intrínsecas, por su cuenta, favorecen valores internos —aquellos que pertenecen a nuestro *yo*— como el crecimiento personal, relaciones sociales, implicación en la comunidad y salud física.

Justo aquí encontramos uno de los puntos de origen de nuestras contradicciones: es común que en un mismo punto de nuestra vida tengamos un abanico variado de incentivos. Algunas actividades las hacemos porque nos nacen y para otras digamos que necesitamos una ayudadita. Somos una multitud de motivaciones que cobran ganancias y pérdidas. Pero ¿cuál es la diferencia a fin de cuentas?, ¡para saber a cuál irle!

El logro no siempre tiene un final feliz
Investigadores de la Universidad de Rochester dieron segui-

miento a un grupo de recién graduados de licenciatura, para examinar las consecuencias psicológicas que estos experimentan al seguir y lograr sus aspiraciones.

Los resultados indicaron que cuando daban importancia a sus aspiraciones, sean estas intrínsecas o extrínsecas, generalmente las lograban. Sin embargo, mientras cumplir con las intrínsecas tuvo relación positiva con la salud psicológica de los egresados, con las extrínsecas ocurrió lo contrario.

Así que no todos los logros son creados a semejanza; diferentes aspiraciones llevan a distintos resultados. Se ha demostrado que las metas intrínsecas se asocian con bienestar y buena salud, mientras que las extrínsecas tienen una conexión directa con problemas de ansiedad, depresión, baja autoestima y malas relaciones. ¡Zas!

Esto nos debe poner a pensar seriamente para que enderecemos nuestras prioridades. Me viene a la mente lo común que es asociar la idea del éxito con la fama, el dinero y el poder, como si estos fueran los grandes síntomas de un estado de bienestar integral. A la pregunta: "¿Quién se te viene a la mente con la palabra éxito?", seguro casi nadie se escapa de pensar en un empresario millonario, un político influyente, un medallista olímpico o un artista reconocido.

Pero, así como el dicho bíblico de "al César lo que es del César, a Dios lo que es de Dios", también existe la división entre las metas materialistas y las espirituales. Ya que vimos los resultados, las primeras se quedan cortas para ameritar la etiqueta de éxito en toda la extensión de la palabra. Digamos que no cumplen con la felicidad que prometen, entonces esto nos debe invitar a ser menos conformistas con nuestras metas y a elegir aquellas que sí entreguen resultados satisfactorios.

Salidas falsas

Ya vimos que una persona verdaderamente triunfadora no se descobija los pies por taparse la cabeza. Piensa más bien en todas sus dimensiones y organiza su tiempo para atenderlas todas: la física, la emocional, la mental...

Lo digo también porque, según los estudios, muchas veces recurrimos a las metas externas para compensar las carencias en las internas. Ante la frustración de no encontrar la felicidad por ningún lado sentimos que de algo tenemos que agarrarnos.

Y entonces es como parchamos una herida abierta con pequeñas banditas adhesivas. Banditas caen, banditas pegan, pero sin atender la causa raíz la hemorragia sigue su curso. El problema es que buscamos fuera lo que todo el tiempo estuvo tan cerca, dentro de nosotros. Considera lo siguiente:

— Si sufrimos un deseo incontrolable, no hay posesiones que lo sacien.
— Si nos hacemos menos, no hay fama que nos haga más.
— Si nos sentimos inseguros, no hay poder que nos blinde de un enemigo que tenemos en casa: nuestras propias emociones destructivas.

En otras palabras, acumulamos sin saber que eso perjudica más de lo que ayuda. Y no sólo hablo de dinero y posesiones. Por ejemplo, nuestro deseo carnal nos tienta, cual conjuro, a brincotear de persona en persona como "burro en primavera". Envidiamos la suerte de don Juan y sin embargo, algo nos falta.

Investigadores de las universidades de Dartmouth y Warwick, tras entrevistar a 16 000 personas, descubrieron que, tanto en hombres como en mujeres, la evidencia apunta que el número óptimo de parejas sexuales es ni más ni menos que uno. De hecho, la investigación arrojó que los casados son los más afortunados: tienen más relaciones sexuales y obtienen más gratificación que los solteros, viudos y separados.

O sea que de plano muchas veces no le atinamos y obtenemos resultados muy distintos a los que esperábamos.

En efecto, buscar soluciones fuera para problemas dentro es una salida falsa, en serio. Implica huir por la puerta más obvia, sin sospechar que basta permanecer explorando el interior un poco más para abrir la verdadera.

Explotar la motivación por la felicidad

Si la motivación nos mueve, la motivación intrínseca nos mueve por el mejor de los caminos. A esa hay que apuntar todas nuestras baterías. La teoría psicológica de la autodeterminación (TAD) estudia las formas de estimular este tipo de motivación y, por tanto, acercarnos más a la felicidad, a través de tres puntos clave:

— Competencia. Ejercer e incrementar nuestras capacidades y sentir que nuestras acciones son efectivas.
— Autonomía. Sentirnos dueños de nuestras propias acciones y conductas, sin controles externos.
— Relación. Sentirnos conectados con los demás y lograr un estado de seguridad y pertenencia con la comunidad.

Para la TAD, estas son necesidades básicas y universales. Todas las compartimos, sin importar sexo, cultura, edad o nacionalidad. Cuando nos privamos de ellas caemos en la tentación de recompensarnos con premios banales. En cambio, la versión más cercana de jugar a la segura en los asuntos de la felicidad es colocar todos nuestros reflectores en esos tres principios.

El primer paso para lograrlo es aceptar de corazón si descarrilamos nuestros motivos en algún punto. Pregúntate a cada momento: "¿Qué me mueve exactamente a hacer esto?" Con un pequeño giro de perspectiva podemos regresar a un carril más provechoso. Vayamos una por una:

— Para incrementar la competencia, ya es de por sí una mala señal si te cachas haciendo tu trabajo sólo por arañar la quincena o lamentando cada que puedes las órdenes de tu jefe. Qué diferente ver cómo tu tiempo en tal lugar puede redituar en nuevas habilidades, experiencias y contactos. De hecho, es gracias a este aprendizaje que podrás migrar a mejores trabajos a futuro. Así sería una cuestión de ganar-ganar.

— El ejercicio y dietas no se deben medir en cuadritos abdominales. La verdadera recompensa es sentirte bien, no impresionar a los demás. Así que, si lo reorientas al disfrute del proceso y no al desenlace o al resultado, la ensalada y la vuelta al gimnasio serán siempre más placer que sacrificio.

— Sobre el aspecto relacional, presta mucha atención a tus conversaciones. Reza el dicho que nacimos con dos oídos y una boca para escuchar más de lo que hablamos. Si eres un hablador compulsivo, ¡aguas! Podría ser señal de que tu intención verdadera sea sobresalir. Recuerda que no se trata de estar por encima de los demás; la verdadera conexión se encuentra en la paridad, en siempre ver a los demás como iguales, en empatizar y aprender de ellos algo nuevo. De otra manera, el tornillo y la tuerca no embonarían.

Motivación para niños

James Mandigo y Nicholas Putting, de la Universidad de Alberta, en Canadá, escriben recomendaciones para el coco de todos los padres y maestros: ¿Cómo motivar a los niños a elegir el buen camino?

Los investigadores refieren que entre más se incentive la motivación intrínseca, mayor es la probabilidad de que gocen de una mejor experiencia y quieran continuar su participación en cualquier actividad virtuosa.

Es decir, el reto es lograr que quieran hacerlo de corazón, sin necesidad de babear por el dulce,

recibir a cambio el juguete o hasta la buena calificación al final. Los investigadores nos dan estas
pistas:

— Propiciar la decisión y el control. Debemos crear
un ambiente apto para que los niños sientan
que pueden tener la facultad de decidir y estar
en control de sus acciones.
— Minimizar el uso de factores externos. Las recompensas extrínsecas que sirven para controlar el comportamiento tienden a minar
la motivación. En caso de utilizarlas, estas
deben mandar un mensaje positivo sobre el
desempeño del niño, no para controlarlo sino
para desarrollar más su gusto voluntario por
la actividad.
— Mejorar la percepción de las competencias.
Se refiere a cómo se ven en comparación con
otros. Si el niño siente que cuenta con las habilidades para cumplir cierta actividad es más
propenso a continuar con ella. Es decir, debemos provocar situaciones que se conviertan en
epifanías de reconocimiento: "¡Ah, qué bueno
soy en esto!"
— Destacar la importancia de la mejora personal.
Crear un clima orientado al dominio de habilidades y el desarrollo. El éxito debe ser equivalen-
te a progresar, esforzarse y apreciar los errores
como oportunidades de aprendizaje.
— Optimizar los retos. Balancear la dificultad según el nivel de cada uno. De otra forma, si es
muy alto, pueden experimentar frustración y
ansiedad; si es muy bajo, corren el riesgo de
aburrirse.

Las lecciones de Oriente

Hemos repasado la visión de los países de este lado del mundo. Sin embargo, muchas tradiciones orientales ya intuían estos y otros beneficios psicológicos similares desde hace siglos.

La siguiente historia taoísta nos viene como anillo al dedo:

Había un campesino al que, luego de haber trabajado por años, se le escapó uno de sus caballos. Tras escuchar la noticia, sus vecinos acudieron a expresar sus condolencias:

—¡Qué mala suerte!

—Quizá —respondía el campesino.

Al día siguiente, su caballo regresó acompañado de seis caballos salvajes. Sus vecinos volvieron y le expresaron su beneplácito:

—¡Qué maravilla!

—Quizá —volvió a contestar.

A la mañana siguiente, su hijo se rompió una pierna intentando montar uno de los caballos salvajes. También esta vez los vecinos se compadecieron del campesino:

—Una verdadera lástima.

—Quizá —se limitó a decir de nuevo.

Un día después, llegaron unos oficiales con la misión de reclutar obligatoriamente jóvenes para el ejército. Al ver la pierna rota del hijo del campesino no lo requirieron. Los vecinos se acercaron para felicitar al campesino por la buena fortuna.

—Quizá—, les dijo.

En el taoísmo se dice que el universo es un estado de flujo y que el sufrimiento viene cuando lo interrumpimos. Cuando entrometemos nuestro ego en la corriente que es la vida creamos una resistencia y la obstruimos. De ahí el dicho clásico "déjalo fluir".

En el caso del campesino, lo que para otros hubiese sido una montaña rusa emocional de épicas proporciones, para él fue la paz y ecuanimidad quienes dictaron sus respuestas.

Si la vida es un vaivén de acciones, reacciones, coincidencias, encuentros y desencuentros, ¿cómo podemos tener felicidad y propósito de un sitio tan inseguro? Las cosas se desbaratan. Las experiencias son transitorias. Las personas no sólo vienen y van, también mudan la opinión que tienen sobre nosotros. ¿A qué nos atenemos si nos aferramos a lo que sucede allá afuera?

Un monje budista llamado Shantideva decía hace siglos: "¿Dónde puede haber suficiente cuero para cubrir el mundo entero? Con tan sólo el cuero de mis sandalias, es como si todo el mundo estuviese cubierto. De igual manera, soy incapaz de controlar los fenómenos externos, pero puedo controlar mi propia mente. ¿Qué necesidad hay de controlar otras cosas?"

Y así es como el budismo hace énfasis en la fugacidad de las cosas en el universo. Todo deja de existir y está fuera de nuestro control, hasta nuestra propia vida humana; por lo tanto, la única tablita de salvación de la felicidad y propósito es nuestro espíritu. Es como un oasis de quietud entre la tormenta; un refugio de permanencia en un mundo lleno de violentos cambios de dirección.

Pero no tienes que escalar las montañas del Tíbet para llevar esto a la práctica. Ahórrate el tiempo del viaje e inviértelo ahora mismo en este principio básico: no mires afuera; observa tu reacción dentro de ti. Traduce lo que te digo en esta simple pregunta: "¿Estoy esperando algo a cambio?"

Por ejemplo, el amor malentendido vierte expectativas al exterior; le pide a los demás algo a cambio: que asuman el papel de proveedores de esa felicidad que no hemos conseguido nosotros. En cambio, el amor incondicional va de ida pero no de vuelta; el que lo siente se entrega, antepone el bienestar del otro al propio y agradece por la fortuna de tener la oportunidad de amar a alguien, sin lamentar su futura pérdida. Mientras que el primer tipo de amor se presta a celos, codependencia y tristeza, el segundo aprecia el aquí y el ahora sin depender de lo que depare el destino. La vida en pareja es hermosa pero frágil. Con la amenaza de un amor controlador corremos el riesgo de arruinarla por completo.

Esperar algo a cambio es algo tan humano como el mismísimo egoísmo que lo origina. Solemos compartir las mismas culpas que le echamos a la gente más canija, sólo que se nos dificulta la autocrítica. Hacemos esto sin anticipar que nos enriquece más lo que entregamos desde dentro que lo que tomamos desde fuera. Suena a otra paradoja pero es cierto: los principales beneficiarios de nuestra generosidad no son los demás; somos nosotros, pues es una forma de descubrir esa versión de nuestro yo que guarda la verdadera fuente de la felicidad.

La felicidad, tal como Dios, parece trabajar de formas misteriosas. Pero, si lo pensamos una segunda vez, resulta que el secreto no es tan impenetrable.

La fama, la lujuria, el poder y el dinero son formas descarriadas del deseo, y en el deseo no hay saciedad; como ocurre con el agua salada: entre más bebes, más sed da. Tomamos este camino por seguir ciegamente a la hormona y la víscera que, aunque malas consejeras, muchas veces rigen nuestras decisiones.

Ahora, recordemos que el deseo no es bueno ni malo en sí. Realmente, es el uso que le damos el que importa. Para derrocar a estos dictadores requerimos, entonces, poner la fuerza de nuestro deseo en favor de metas más benévolas.

ES POSIBLE DARLE UN GOLPE DE TIMÓN PARA CONDUCIRLO A VALORES COMO LA AMISTAD, LA COMPASIÓN, LA GENEROSIDAD Y LA EMPATÍA, QUE SON A FIN DE CUENTAS LOS QUE DEJAN LA MEJOR HUELLA EN NUESTRO BIENESTAR.

El dinero y la felicidad

El que se raja, pierde: La historia de Jesús Antonio
Cuando supo el título de este libro me compartió su historia, esperando que al leerla, nos inspire y recuerde que nunca hay que darse por vencido. Vive en mi ciudad, en Monterrey, Nuevo León.

Ingeniero bioquímico, hace algunos años estaba unido a su esposa y tres hijos; deportista durante toda su vida, siempre ha creído que el deporte es una parte fundamental de su crecimiento y la práctica del mismo desarrolla una actitud positiva.

Tuvo tres negocios, los cuales sufrieron "tropiezos". Me llama la atención que él no utiliza la palabra que más comúnmente describe lo contrario al éxito: fracaso.

En el primer negocio confeccionaba hombreras y rellenos de copas para la ropa femenina; por sus ganas de crecer buscó la maquinaria adecuada y la encontró en Alemania. Pidió un préstamo a sus padres y logró adquirir tres máquinas; llegó a producir tres millones de pares de hombreras mensuales, pero la crisis de 1994 en México le pegó muy fuerte, hizo una coinversión con una empresa americana para exportar y esto derivó en un pleito legal de cinco años: perdió completamente su negocio y todo su patrimonio de quince años.

No obstante, buscó otras oportunidades y empezó un segundo negocio al lograr un contrato para realizar un trabajo para el Estado de Nuevo León, el cual nunca fue liquidado, por lo que tuvo pérdidas millonarias y nuevamente lo obligó "a empezar de cero", según sus palabras.

Su tercer "tropiezo" fue su afán de lograr trabajar en Estados Unidos. Logró tener una constructora próspera en Mission, Texas, y la condición para continuar legalmente en este país era que no podía salir de los Estados Unidos durante el tiempo que tardan los trámites de la visa de trabajo.

Su hijo mayor regresó a Monterrey por una gran oportunidad que se le presentó para cumplir su sueño de ser
futbolista profesional.

No obstante la restricción que tenía, él y su familia fueron a Monterrey a presenciar un juego sumamente importante para su hijo, pero al regreso les fueron quitadas las
visas indefinidamente a él y a toda su familia.

Quiso regresar en forma ilegal a los Estados Unidos para
finiquitar los trabajos pendientes y no fue posible.

Perdió su casa y su negocio próspero en ese país.

Él me envía estas palabras para que sean publicadas:

"En este momento de mi vida me encuentro divorciado,
enfrentando el nuevo reto para seguir luchando por mi
familia; ahora emprendo un negocio nuevo en la construcción aquí en México; mi especialidad son los pavimentos
decorativos.

De todo lo que he vivido me ha quedado claro que
es la actitud ante la vida la que nos motiva a seguir adelante, de nuestra actitud depende que se realicen los
negocios; aprendí que una persona enojada con la vida,
que se lamenta constantemente de todo, no logra atraer
nuevos clientes ni amigos; me queda claro que si por
este camino no fue, debo sacudirme lo negativo y buscar otro camino. Me queda claro que los fracasos hacen
de nosotros mejores personas, pero la actitud es la que
nos lleva a sobrellevar las cargas que nos impone la vida.
No les voy a decir que ha sido fácil porque les mentiría,
de la mano de Dios y una buena actitud sigo buscando
el mejor camino. Mi negocio empieza a crecer y cuento
con personas a mi lado que me ayudan a enfrentar los
retos que se me presentan, dos de mis hijos ya son inde-
pendientes y excelentes profesionistas y mi hija menor
sigue estudiando.

Espero que mi historia les sirva para no rendirse porque
el que se raja, pierde."

Quienes conocen a Jesús Antonio, admiran su fortaleza y tenacidad para levantarse. Nunca se da por vencido y siempre está analizando lo que sí puede hacer.

Después de conocer esta historia, la comparo con otra, con la de Eduardo; casado, bueno, ahora divorciado, con tres hijos jóvenes. En su vida ha trabajado para dos importantes empresas.

En la primera, tuvo graves problemas por malos manejos administrativos de su parte y por confiar en tres de sus empleados que resultaron ser "unas fichitas".

Pidió préstamos a dos miembros de su familia y amigos jurando que les iba a regresar hasta el último centavo.

Logró recuperarse en su segundo negocio, que resultó ser más próspero que el primero.

Nunca hizo el intento de pagar a quienes le tendieron la mano —yo, entre ellos.

Después de varios años en los cuales logró ganar dinero de sobra para ahorrar y hacer crecer el negocio, lo despilfarró en diversiones —de todo tipo—. Literalmente, el dinero "le quemaba"; siempre buscaba en qué gastarlo. Y, como les dije, jamás recordó las deudas que tenía, ni mucho menos hizo el intento de pagarlas.

Dentro de sus diversiones se encontraba una de alto riesgo familiar, que es su gusto por las mujeres, a quienes seduce con la labia que desarrolló desde niño cuando ganaba concursos de oratoria y declamación.

Después de haber sido sorprendido infraganti por su esposa en dos ocasiones, con diferentes aventuras amorosas, la tercera fue la vencida y lo corrieron de su casa. Desde entonces, su situación económica se ha ido deteriorando más cada día. Sus deudas se han incrementado y sus mentiras han ido perfeccionándose; sobre todo, cuando se trata de pedir dinero y su promesa de regresarlo con intereses.

Las quejas constantes sobre su situación, las palabras lastimeras hacia su persona y la poca credibilidad que tiene ante su familia y amigos, estoy convencido, espantan la prosperidad y su estabilidad emocional.

Dos historias con diferente actitud.

Cuando conozco casos así, me quedo con la duda de saber qué tanto influye la herencia o el ejemplo que vieron de las figuras representativas en comparación con la decisión de tener una actitud positiva.

Estoy seguro de que si la gente negativa, pesimista y que toma decisiones basadas en la mentira o el miedo leyera lo que a continuación comparto en relación con el dinero y la felicidad, pensarían seriamente en la posibilidad de poner en movimiento las acciones demostradas para cambiar la actitud.

¿El dinero compra felicidad? ¿Se aceptan meses sin intereses?

Somos pésimos para predecir lo que nos hace felices. En otras palabras, existe una gran brecha entre la expectativa de lo que queremos y la realidad que acarrean los resultados.

El dinero es uno de los principales comprobantes. En nuestra mente, lo soluciona todo. Fantaseamos con él: aparece como santo en la Tierra, rodeado siempre de un halo que nos deja babeando.

Un artículo maravilloso de Melissa Dahl en *New York Magazine* titulado *A Classic Psychology Study on Why Winning the Lottery Won't Make You Happier* habla de los descubrimientos de diversos estudios científicos sobre cómo "bajar al dinero de ese pedestal". Por ejemplo: un menor tiempo de traslado casa-trabajo-casa te hace tan feliz como un aumento salarial del 40%. O recibir vacaciones pagadas, te pone más alegre que recibir dinero en efectivo y disponer de más tiempo libre, crea un mayor impacto en tu felicidad que tener más dinero en tus arcas.

No podemos evitar esa idealización del dinero como el bálsamo que todo lo cura. Lo tenemos en alta estima, pero muchas veces escasea en nuestros bolsillos. Luego quedamos resentidos y le echamos la culpa: "¡Cochino dinero!".

En esta relación de amor-odio, ¿qué tan injustos somos en el juicio?, ¿acaso sí comparte culpas y disculpas respecto a nuestro estado de ánimo? Son interrogantes cuyas respuestas no tan simples trataremos de desarrollar en este capítulo.

La pobreza también cala en la mente

¿La pobreza crea infelicidad y otros problemas mentales? La respuesta es sí, cuando nos imposibilita vivir dignamente para atender nuestras necesidades más básicas como alimento, techo, medicina y vestido.

Más allá de la pobreza, el problema también radica en las condiciones que la rodean. El asunto es tan complejo que hasta existe un campo científico llamado "neurociencia de la pobreza", en el que se estudian las relaciones entre la carencia económica y el desarrollo del cerebro.

Los descubrimientos de esta ciencia son escalofriantes: las condiciones alrededor de la precariedad económica— violencia, ruido excesivo, caos en el hogar, contaminación, desnutrición, abuso y padres desempleados— pueden afectar la interacción, formación y mantenimiento de las conexiones de los cerebros infantiles.

En un estudio de la Universidad de Columbia se revisaron las imágenes de resonancia magnética de más de 1 000 niños y adolescentes en un rango de edades entre los 3 y los 20 años. Hallaron que los cerebros de niños de familias con ingreso menor a 25 000 dólares al año tenían una superficie 6% menor que quienes crecieron en hogares que percibían 150 000 dólares o más. Los niños de clase baja también tuvieron calificaciones más bajas en exámenes cognitivos.

Las teorías acerca de estos resultados tienen que ver con los contextos de cada clase social: una teoría es que los padres de familia de escasos recursos no tienen cómo costear una buena alimentación y servicios médicos; la otra es que estas familias viven en entornos caóticos que estresan e inhiben el desarrollo cerebral de los niños.

Estos datos nos lastiman como sociedad. En países tan desiguales como los latinoamericanos, esto es un llamado a todos para ser más compasivos con nuestros vecinos más desafortunados.

En caso de vivir esta situación tan precaria, el consejo es poner toda nuestra buena actitud y esfuerzo en favor de nuestros hijos, quienes son los más vulnerables y quienes merecen nuestra atención en sus fases críticas de desarrollo.

Sí ayuda... hasta cierto punto

Investigadores de la Universidad de Princeton estudiaron 450 000 casos en los Estados Unidos para determinar la relación entre ingreso económico y bienestar psicológico.

Los expertos dividen el bienestar en dos factores: el aspecto de evaluación (qué tan satisfechos estamos con nuestra vida) y el aspecto emocional (los sentimientos que experimentamos en ella).

Tras el análisis, encontraron que el incremento económico pone al alza la satisfacción, y ocurre lo mismo con la felicidad emocional, pero con un pequeño detalle: los niveles topan en cierto punto. En el caso de los estadounidenses, en un salario de 75 000 dólares al año. Estudios similares han ubicado el número mágico en 50 000 o incluso 40 000 dólares. Poco más o poco menos, siempre habrá un tope. Nuestra felicidad no puede escalar infinitamente con base en los billetazos.

En efecto, el dinero juega un papel, pero es limitado. Los mismos investigadores de Princeton así lo concluyen: "La creencia de que un mayor ingreso se asocia con el buen ánimo está muy presente pero es en su mayoría ilusoria. La gente con un ingreso superior al promedio está relativamente satisfecha con su vida, pero en su día a día apenas está un poco más feliz que otros, además de que tiende a estar más tenso y no invierte mucho tiempo en actividades placenteras."

Nos terminamos por acostumbrar

Lo que el dinero da, el dinero se lleva. Varios estudios han comprobado que la riqueza se hace acompañar por una maldición: conforme aumentamos nuestro ingreso, buscamos alcanzar aquello que tanto anhelábamos, y al conseguirlo, poco a poco pierde su encanto.

Investigadores de la Universidad de British Columbia reclutaron a personas de distintas edades y les confirieron la tarea de saborear un pedazo de chocolate. Antes de eso, los dividieron en dos grupos para aplicarles un cuestionario. La mitad de los participantes recibió un cuestionario con una imagen de dinero metida entre sus páginas y la otra con una fotografía neutral.

En la prueba del chocolate, los participantes que vieron la imagen del dinero pasaron menos tiempo consumiendo el chocolate. Además, las personas que los observaban desde afuera opinaron que parecían disfrutarlo menos que los participantes que tuvieron una fotografía neutral.

Los investigadores piensan que, como puede comprar experiencias más caras y sofisticadas, el dinero trastorna nuestra capacidad de saborear los pequeños placeres de la vida. El dinero nos deja menos conformes con lo que tenemos y desata una ambición por lo que aún no tenemos.

Pero hay otro estudio que es tan impresionante como revelador.

Investigadores de las universidades de Massachusetts y Northwestern llevaron al extremo la idea, comparando a dos grupos totalmente dispares: algunos afortunados ganadores de la lotería y personas que quedaron paralíticas tras haber sufrido un accidente.

En las entrevistas, se les solicitó a ambos grupos calificar el placer que sentían al realizar actividades cotidianas como ver la televisión, charlar con un amigo, desayunar, reír con una broma o recibir un halago. Tras analizar los resultados, las personas parapléjicas gozaron más de estos pequeños placeres que los ganadores de lotería.

Los investigadores creen que la explicación más razonable es que el pico de felicidad de haber ganado la lotería hace que los placeres triviales palidezcan. El dinero provoca que terminemos dando muchas cosas por hecho.

Ese fenómeno tiene un nombre: adaptación hedónica. Para explicarla, demos la palabra a los expertos. La profesora Sonja Lyubomirsky de la Universidad de California dice al respecto:

"La adaptación hedónica significa que los seres humanos son excelentes para adaptarse al cambio en sus vidas. Es una adaptación evolutiva y, quizá, programada para que podamos acostumbrarnos a lo familiar. Tal vez sea porque en un pasado remoto, era importante mantenerse alerta al cambio –un cambio en el ambiente podría indicar una amenaza o una recompensa. Así que, cuando las cosas son las mismas, cuando el estímulo es constante, no tendemos a advertirlo o a ponerle mucha atención", asegura Lyubomirsky. Este principio funciona a varios niveles. A nivel fisiológico puedes comprobarlo con algo tan básico como la adaptación al aroma del perfume que te pones, que al principio es muy evidente y después pasa desapercibido.

La profesora termina la idea: "La desventaja de la adaptación hedónica es cuando una relación se torna familiar —o cuando un empleo se torna familiar, o cuando tu nuevo auto se vuelve muy familiar—, entonces empiezas a dar por hecho a tu pareja, a tu auto o a tu empleo. Dejas de prestarles atención y es cuando nos hemos adaptado."

De aquí surgen dos noticias: una buena y una mala. ¿Cuál quieres primero? No importa, porque son similares. Ya sea que encuentres la mejor de las fortunas o caigas en la peor de las desgracias, el resultado será el mismo: con el tiempo te acostumbrarás y regresarás al origen.

Ya que nos enteramos de esto, nuestra misión debe ser hackear nuestro propio sistema para intentar que lo negativo siga su curso normal de adaptación y se diluya con el paso del tiempo, pero también para crear estrategias que nos permitan nunca dar por hecho las bendiciones que nos regala la vida. Debemos dejar fluir las experiencias negativas y atizar el fuego para revitalizar una y otra vez las positivas.

Nos comparamos con el resto

¿Qué preferirías? ¿Ganar 50 000 dólares al año mientras que tus allegados perciben 25 000 o ganar 100 000 cuando los demás reciben 250 000? Quizá sueltes la carcajada y pienses que obviamente tomarías la segunda opción. Pues, ¡oh sorpresa!, la evidencia apunta a lo contrario: la gente termina por preferir la primera.

Y hay muchos estudios que confirman la tendencia. Uno de la Universidad Carlos III de Madrid, por ejemplo, descubrió que los empleados valoran ganar bien pero les importa igual o más tener un sueldo mayor que el de sus compañeros. Aquellos que recibían menos que ellos se sentían más infelices y trabajaban más horas (quizá el esmero era por compensar o tratar de alcanzarlos).

Es notable la tendencia que tenemos los seres humanos a ver de reojo a quien está a nuestro lado. El dinero no es la excepción: estamos dispuestos a sacrificar una cantidad mayor con tal de sentir que somos más que los miembros de nuestro grupo social. A esto se le llama: "riqueza relativa" y se ha comprobado hasta con resonancias magnéticas.

Investigadores de la Universidad de Bonn, en Alemania, realizaron un experimento en el que los voluntarios participaron en un juego que los recompensaba al ganar, pero que también los enteraba del desempeño y los premios recibidos por el resto de los jugadores. El efecto más fascinante de la prueba fue el siguiente: aunque hubo una gran respuesta cerebral cuando un jugador se daba cuenta de que tenía una mayor recompensa que el otro, la activación era aún más fuerte cuando tenía menos.

Armin Falk, uno de los investigadores, nos explica: "El dolor de tener menos es más fuerte que la alegría de tener más." Tal parece que nuestras aspiraciones corren más rápido que nuestros ingresos. Aunque ya ganemos algo, nuestra mente siempre está echando el ojo al siguiente escalafón. Lo que ocurre es que vemos a otras personas sobre este escalafón y esto parece inquietarnos mucho.

Este estado de avaricia es de lo más ilógico. Por más que nos saquemos la lotería y seamos unos genios de la inversión, siempre habrá alguien arriba cuya fortuna será objeto de nuestra envidia... ¡a menos que nos llamemos Bill Gates o Carlos Slim!

Todo esto me recuerda a un error clásico entre los jugadores de futbol. Cuando están por recibir un pase, al tener la vista al frente para ver a dónde irán, muchos arrancan antes de que el balón les llegue; terminan corriendo solos y, por más que tratan de recomponer al estirar la pierna, dejan el balón olvidado.

Nos apartamos de la fuente de la felicidad

El renombrado investigador y autor Mihaly Csikszentmihalyi lanza como dardo una pregunta en el mismísimo título de uno de sus artículos: "Si somos tan ricos, ¿por qué no somos felices?" En sus conclusiones más importantes dice que: absorbernos tanto en metas materiales, nos deja vacíos de energía como para perseguir otros objetivos que también contribuyen a nuestra felicidad.

Es decir, la riqueza nos desvía. Nos da una especie de amnesia con la que olvidamos la verdadera materia de la felicidad. A veces el dinero tiene el poder de embriagarnos y orillarnos a tomar malas decisiones.

Por eso pregunto: aunque empecemos a ganar mucho, ¿conservaremos la sobriedad y el buen juicio?

El también renombrado psicólogo de Harvard, Daniel Gilbert, nos reitera que la culpa no es del dinero, sino la forma en que lo utilizamos. Una de las maneras más sabias de invertir en nuestra felicidad es facilitar experiencias y no comprar bienes materiales.

Según los estudios, aunque parezca que comprar un objeto pudiera crearnos más gozo al ser más duradero, el gasto en experiencias ha demostrado tener mucho más "jugo por exprimir". Y es que el placer empieza desde que nos "lamemos los bigotes" antes de que las cosas sucedan: da más alegría contar los días por un viaje vacacional que está en puerta, que la espera por la llegada del nuevo iPhone, que en realidad genera mucha ansiedad.

OTRO PUNTO EN FAVOR DE LAS EXPERIENCIAS ES QUE LAS ATESORAMOS EN NUESTRA MEMORIA, INCLUSO CUANDO NO SALEN COMO ESPERÁBAMOS. EN UNA AVENTURA CASI SIEMPRE COMPARTIMOS MOMENTOS CON PERSONAS QUERIDAS, ADEMÁS DE QUE SIEMPRE NOS DEJAN ALGO.

Esto nos lleva a otra gran ventaja descrita por Gilbert: poner nuestro dinero al servicio de los demás. Contrario a nuestros impulsos egoístas, muchas investigaciones han revelado que dar causa mucho más felicidad que recibir. Así que ya sabemos: nada como realizar donaciones, contribuir con campañas altruistas, becar niños o, simplemente, regalar momentos de júbilo a tus amigos sin pedir nada a cambio.

Es un hecho que el dinero no nos cambia mágicamente. Nunca será suficiente para comprarnos toda una dotación de sentimientos positivos que ni siquiera están a la venta. Hay un dicho totalmente cierto: "El dinero sólo te vuelve más de lo que ya eres." Si eres generoso, te puede volver un altruista. Si eres egoísta, "sacarás el cobre" como celoso y sobreprotector. No es el dinero en sí, sino cómo y para qué lo utilizamos lo que puede marcar la verdadera diferencia.

Y esto es lo que quiero que te lleves para sacarle el máximo provecho:

— Procura un ingreso suficiente para satisfacer tus necesidades básicas y las de tu familia.
— Aprecia cada instante y practica la gratitud para evitar que la costumbre desgaste el bienestar.
— Enfócate en aprovechar lo que tienes, sin caer en la comparación.
— Invierte en experiencias y en el bien de los demás.

Si recordamos el capítulo sobre la felicidad y sus valores, entonces embonaremos muy bien dos piezas que este libro pone sobre la mesa: dejemos de pensar en los bienes materiales como valores en sí y veámoslos como facilitadores de lo que nos hace más felices. ¿Un buen comienzo? Invertirlo para ser generosos, conectar con nuestros seres queridos y cultivar tiempo libre para realizarnos como personas.

LA CIENCIA Y
EL ENAMORAMIENTO

**Imposible dejar de quererlo!
"Sí, hemos terminado la relación varias veces, pero siempre regresamos porque no podemos vivir sin vernos."**

"Acepto que me grita, que no me trata como yo quisiera pero sé que tengo mucho que ver con que se ponga así."

"Bueno, tenemos nuestros pleitos, como todas las parejas. Digamos que son *pleitos normales*."

Hace un año conocí a Bere y Santiago, 7 años de noviazgo conflictivo con más bajas que altas en la relación, con planes de matrimonio en menos de un año y al preguntarle a Bere si lo quiere verdaderamente o es costumbre, me contesta en forma casi automática que no lo quiere, ¡lo ama con todas sus fuerzas!

Y continuó:

—Hay días en que quiero dejarlo pero ¡no puedo! Me deja de hablar después de un pleito y me juro no tomar su llamada cuando lo haga para pedirme perdón, y espero con mucha ansiedad que me busque, lo cual por cierto muchas veces no lo hace y tengo que buscarlo yo para perdonarlo; sé que es porque batalla mucho para disculparse. Su papá es igual.

Un día se atrevió a decirme que no me soportaba. Que le choca la manera como me río, la manera como me visto y hasta cómo me llevo con mis amigas y amigos. "¿Si te molesta tanto mi forma de ser porque sigues conmigo?" Y su respuesta me confirmó que en el fondo no puede vivir sin mí, me dijo: "Ni yo sé por qué sigo aquí."

—¿Es esa una respuesta adecuada? —pregunté, la miré y luego añadí—. ¿Es eso amor verdadero?

"¿Así o más bruta?" Pensé, porque claro que no se lo dije así, pero digamos que lo insinué sutilmente, de la siguiente manera:

—¡No seas bruta! ¿Cuándo te vas a untar la poca autoestima que traes en el suelo y te valoras? ¿En qué momento puedes amar a alguien que te quiere cambiar, que no te respeta y que no te hace crecer como persona?

Bere simplemente me dio una respuesta escueta:
—Es que no puedo dejarlo.

Platicar con ella me hizo confirmar algo que se ha escrito tanto y que por más que se difunda, aún no se entiende ni se aplica. Gran diferencia entre el verdadero amor y el amor codependiente.

El doctor Walter Riso, terapeuta y autor de libros relacionados con este tema, dice que hay cuatro primicias del amor racional:

1 **Si alguien duda que te ama, no te ama.** Nada de que tengo dudas, "no sé, necesito tiempo..." Recordé una de mis frases matonas: **"Cuando alguien te pide tiempo y espacio en una relación, una de dos: o lo atosigas o tu amor no es para su espacio."**

2 **No te merece quien te lastima intencionalmente.** Ningún tipo de maltrato intencionado está justificado en una relación sana. ¿Para qué seguir con alguien que te

hace daño? ¿Qué te hace creer que en el futuro las cosas cambiarán por parte de quien en el presente no te da tu lugar ni te respeta?

3   **El buen amor es recíproco.** El verdadero amor es bilateral, tiene doble sentido, te amo y me amas. Te procuro y me procuras.

4   **En el amor hay que aprender a perder.** Si no te aman, no hay que insistir porque es imposible obligar a alguien a que te ame.

Por supuesto lo que esta pareja vive dista mucho de un amor sano y se ha convertido en un amor codependiente donde siguen juntos sólo por costumbre, creyendo en una falsa interpretación del amor.

Hoy, un año después de mi encuentro con Bere, cuatro meses después de la celebración de su matrimonio, ella está desolada por lo mal que le ha ido. Tristemente siguió creyendo que las cosas mejorarían como por arte de magia después de formalizar su unión ante un juez y frente al altar.

Los problemas que existen en el noviazgo son similares a la piedra dentro de un zapato. Piedrita chiquita en el noviazgo se convierte en peñasco en el matrimonio.

¿Cuántas parejas similares existen en este momento? ¿A cuántas conoces, si es que no vives tú algo semejante?

Siempre juntos

Cuenta una vieja leyenda de los indios sioux, que una vez llegó hasta la tienda del viejo brujo de la tribu, una pareja de enamorados. "Nos amamos", le dijo el joven, "y nos vamos a casar", mencionó ella, "pero queremos un hechizo, un conjuro, un talismán o algo que nos garantice que estaremos siempre juntos, hasta el día de la muerte".

El viejo los miró y le respondió a la mujer: "Hay algo, pero es una tarea muy difícil y sacrificada. ¿Ves el monte al norte de nuestra aldea? Deberás escalarlo sola y sin más armas que una red y tus manos, tendrás que cazar al halcón más hermoso y vigoroso del monte. Si lo atrapas, tráelo aquí con vida, al tercer día después de la luna llena. ¿Comprendiste?" La joven asintió en silencio. El hombre le dijo al joven: "Tú deberás escalar la montaña del Trueno; cuando llegues a la cima, encontrarás la más brava de todas las águilas y, sólo con tus manos y una red, tendrás que atraparla sin heridas y traerla ante mí, viva, el mismo día en que vendrá tu futura esposa."

Ellos se miraron con ternura, y después de una fugaz sonrisa, salieron a cumplir la misión encomendada. El día establecido estaban frente a la tienda del viejo, los dos jóvenes con sendas bolsas de tela que contenían a las aves solicitadas. El hechicero les pidió que con mucho cuidado las sacaran, eran verdaderamente hermosos ejemplares, sin duda lo mejor de su estirpe.

El hombre enamorado preguntó: "¿Los mataremos y beberemos el honor de su sangre?, ¿los cocinaremos y comeremos el valor de su carne?" Y el sabio respondió: "Tomen las aves y átenlas entre sí por las patas con estas tiras de cuero, y cuando las hayan anudado, suéltenlas y que vuelen libres."

La pareja realizó lo que se les pidió, y las soltaron. El águila y el halcón intentaron levantar vuelo, pero sólo consiguieron revolcarse en el piso. Unos minutos después, irritadas por la incapacidad, las aves arremetieron a picotazos entre sí, hasta lastimarse.

Entonces el brujo les dijo a los futuros esposos: "Jamás olviden lo que han visto; ustedes son como un águila y un halcón; si se atan el uno al otro, aunque lo hagan por amor, no sólo vivirán arrastrándose, además, tarde o temprano, empezarán a lastimarse uno al otro. Si quieren que el amor entre ustedes perdure, vuelen juntos, pero nunca atados."

Frente a la delicadeza del tema nos dice el doctor Riso: "¿Quién no ha sufrido alguna vez por estar con la persona equivocada, por sentir un descenso en el deseo o simplemente por la caricia que nunca llegó? No hay nada más hipersensible que el amor, nada más arrebatador, nada más vital. Renunciar a él es vivir menos o no vivir." Por eso estoy seguro que si muchas de las parejas leyeran la investigación siguiente, y además la interpretaran y tomaran decisiones por su bien, no estarían dispuestos a mantener lo insostenible.

La codependencia: una relación secuestrada

La doctora Judith S. Wallerstein, profesora de la Universidad de California, en Berkeley, dedicó su vida a estudiar la vida matrimonial. En su libro *El buen matrimonio: cómo y por qué el amor dura,* destaca el siguiente factor como uno de los principales para una relación feliz y duradera: "Desarrollar la unión con base en una intimidad e identidad compartida, y establecer al mismo tiempo límites para proteger la autonomía de cada miembro de la pareja."

Porque la vida amorosa es truculenta. ¿Dónde están las fronteras entre relación y persona?, ¿dónde termina el "nosotros" y empieza el "yo"? Caer en el extremo puede despertar desinterés; caer en el otro puede provocar apego. Así, el balance entre unión e independencia se vuelve fundamental.

La codependencia es subir la relación a un pedestal irreal y, a la vez, diluir las necesidades e impulsos que como persona tenemos fuera de ella. Los expertos definen la codependencia como un patrón de conducta con el que terminamos dependiendo de la aprobación de los demás para definir lo que somos y lo que valemos.

Antes que nada, no hay que malinterpretar el asunto. Es normal y deseable tener atenciones, incluso sacrificios para mantener la armonía en nuestra relación. Lo delicado es cuando éstos llegan a costa de nosotros, cuando se convierten en un deber metido con calzador a manos de la típica creencia de "si me deja, me muero".

La doctora de la Universidad de Boston, Ellen Hendriksen, lo resume diciendo que la codependencia es como una transacción "donde tú ofreces un rescate a cambio de sentirte querido y necesitado".

Según Hendriksen esto conlleva el gran peligro de crear un círculo vicioso entre ambas partes de la moneda. El codependiente busca como principal candidato de pareja a aquel con el perfil de necesitar sus servicios de rescate, alguna persona vulnerable que lo haga sentir útil y de quien pueda extraer ese reconocimiento que le es tan ansiado.

En una relación ya establecida esto no sólo implica que ambas partes desatiendan sus respectivos problemas, sino incluso que los empeoren. En su afán de complacer, el codependiente puede terminar por tolerar o encubrir los comportamientos nocivos de su pareja. Así, se convierten en cómplices de una degeneración que afecta tanto al par como a los individuos.

Por supuesto, el mayor de los sacrificios, aquel que casi nos convierte en mártires, llega cuando a cambio de todas estas consideraciones obtenemos abusos y maltratos, aprovechando la posición de poder que nosotros les conferimos a los demás.

La terapeuta de parejas, Darlene Lancer, propone un camino de cuatro pasos para rehabilitarnos de este comportamiento. Se trata de las cuatro A:

1   **Abstinencia:** distanciarnos, alejarnos de la adicción para definirnos y comenzar a reubicar ese valor en nuestra persona.

2   **Atención:** volver a valorarnos es mirar hacia dentro y atender esa vida interior que habíamos sacrificado.

3 **Aceptación:** Evitar el juicio negativo hacia nosotros. Hablarnos con más compasión. La autoaceptación más plena sucede cuando nos damos cuenta de que no necesitamos complacer a los demás por miedo a no agradarles.

4 **Acción:** el trabajo interno debe traducirse en resultados externos: en comportamientos más sanos que solidifiquen un verdadero cambio; esto implica tomar riesgos que nos obliguen a salir de la zona de confort, mantener a raya al criticón que llevamos dentro, realizar actividades que nos satisfagan y aporten significado, pero, sobre todo, impulsar la asertividad: crear y respetar esas convicciones firmes sobre las que necesitamos construir esa autonomía y sentido del yo.

En resumen, para estar bien con los demás, debemos estar bien con nosotros. Este dicho popular existe por algo.

9

NO TE QUIEREN, ¡PERO AHÍ SIGUES!

Tanto en la amistad como en el noviazgo hay personas que ya dieron lo que tenían que dar. Hay relaciones que ya terminaron desde hace tiempo pero ahí estás, ahí sigues, queriendo avivar brasas donde ya no hay fuego.

Tengo amigos y conocidos con relaciones que a leguas se nota que en ese matrimonio no hay amor, sólo se soportan, se aguantan, se toleran. No puedo poner el nombre verdadero de quien a continuación te digo. Digámosle Óscar. Amigo de mi familia desde hace años, casado desde hace 25.

Acostumbra a hacer comentarios en son de broma en algunas reuniones en las que hemos coincidido, dice, por ejemplo, que su matrimonio ha sido como de 10 minutos, ¡pero debajo del agua! Que a la "vieja" hay que tolerarla y seguirle la corriente.

—¿Te acuerdas, mi amor, lo felices que éramos hace 30 años?

A lo que ella contesta:

—¿Qué? ¡Hace 30 años no nos conocíamos!

—Por eso —contesta él—, éramos muy felices—y la risa se le escapa después del comentario.

Yo sí creo que "entre broma y broma, la verdad se asoma."

Un día seriamente me dijo que de repente sentía que se le estaba yendo la vida sin ser feliz. No se arrepentía de la esposa y los hijos que tenía pero, sentía que no estaba con la mujer que amaba.

—La quiero, —me dijo— pero no la amo. No me veo sin ella, pero no soy feliz tampoco a su lado.

Constantemente busca relaciones fuera de su matrimonio que "le den sentido a su vida" —palabras textuales.

—Es una excelente mujer, excelente madre de mis hijos, no tengo nada que reprocharle porque siempre me ha querido y mucho, pero yo no siento lo mismo. No me veo divorciado y mucho menos alejado de ella y de mis hijos, además empezar de cero, ¡qué flojera a esta edad!

Viajan dos veces al año a diferentes partes del mundo, pero él procura que esos viajes siempre sean en parejas, con amigos, para que no sea aburrido.

Me pregunto cuántas parejas estarán viviendo la misma historia.

Prefieren vivir con alguien toda la vida por la comodidad o cierta estabilidad, que disfrutar intensamente su vida.

Nadie dijo que el matrimonio es fácil, y el peor error en el que caemos es no mantener la relación.

Crisis matrimoniales creo que la mayoría las hemos vivido por razones diversas, y esas crisis pueden ser a nuestro favor y no en nuestra contra.

Como dijo Albert Einstein: "No pretendamos que las cosas cambien, si siempre hacemos lo mismo. La crisis es la mejor bendición que puede sucederle a las personas y a los países, porque la crisis trae progresos. La creatividad nace de la angustia, como el día nace de la noche oscura. Es en la crisis que nace la inventiva, los descubrimientos y las grandes estrategias. Quien supera la crisis, se supera sin quedar superado."

Y en otro párrafo de este escrito de Einstein dice: "La verdadera crisis es la crisis de la incompetencia. El inconveniente de las personas y los países es la pereza para encontrar salidas y soluciones. Sin crisis no hay desafíos y sin desafíos la vida es una rutina. Hablar de crisis es promoverla, y callar en la crisis es exaltar el conformismo. En lugar de esto, trabajemos duro. Acabemos de una vez con la única crisis amenazadora, que es la tragedia de no querer luchar para superarla."

7 señales de alarma que nos dicen cuando una relación está en crisis y es necesario actuar:

1   Cuando hay alejamiento físico.
2   Cuando no hay comunicación y reina la indiferencia. No existe un diálogo abierto ni constructivo.
3   Falta de ilusión a la hora de hacer planes. No me entusiasma lo que hagas ni lo que hagamos.
4   Cuando existen más tristezas que alegrías.
5   Cuando aparece la desconfianza.
6   Cuando se nota que en tus prioridades no me encuentro.
7   Cuando ya no existen esas cualidades que me hicieron amarte.

Por supuesto, cuando existe algún tipo de violencia entre ambos miembros de la pareja, es obvio que no hay futuro o el que se visualiza es sumamente conflictivo y doloroso.

¿Quién sigue creyendo que el amor debe ser sacrificio? ¿De dónde sacamos esa errónea idea de que cuando se ama, se sufre?

El verdadero amor se demuestra en los hechos y con las palabras pero siempre en forma recíproca.

¿Por qué hay quienes prefieren no actuar o quedarse paralizados viviendo una vida de pareja insípida?

Hay quienes mantienen una relación de pareja inestable por la infelicidad que viven uno o ambos miembros sólo porque ya pasaron mucho tiempo juntos, y lo peor es que ninguno de los dos hace nada por mejorar la situación. Increíble pero cierto.

Esta actitud va muy acorde a un estudio publicado en *Current Psycholgy,* que afirma que en esas parejas la inversión de tiempo, dinero y esfuerzo hace que las personas sean más propensas a quedarse en una relación que ya no les satisface.

Las fases del amor

Esperamos un alma gemela, un príncipe azul, la mujer perfecta... pero, ¿qué tanto en realidad nos estamos buscando a través de nuestra capacidad de amar? Si bien los objetos de nuestro amor se encuentran fuera, dentro de nosotros sucede la verdadera acción, aquella que nos inspira a emparejarnos con los demás.

El amor implica varias funciones del cuerpo y éstas, a su vez, se presentan en menor o mayor medida en distintas etapas de la vida en pareja. Para no hacerte el cuento muy largo, los científicos dividen el proceso amoroso en tres fases:

— **Deseo.** Es el flechazo. Las hormonas, como la testosterona y el estrógeno, que regulan nuestros sistemas reproductivos, despiertan una atracción y un deseo sexual por quien nos flechó.

— **Atracción.** Es un estado de euforia que solemos llamar "enamoramiento" o "amor pasional". Le destinamos a esa persona una atención focalizada y un montón de pensamientos obsesivos. En esta fase padecemos algo muy similar a una adicción (los científicos incluso lo comparan con el estado que despierta la cocaína), perdemos la noción del tiempo, se nos dificulta enfocarnos en otros asuntos. Todo lo anterior, por influencia de hormonas como la norepinefrina, adrenalina y la dopamina.

— **Apego.** Esta cara del amor es menos arrebatada, más apacible, y funciona para afianzar y estabilizar la relación. La oxitocina, la vasopresina y las endorfinas producen una sensación de calma, paz y complacencia al lado del ser querido.

De aquí surge la pregunta del millón: ¿El amor tiene una fase de declive?, ¿trae consigo una etiqueta con fecha de caducidad?

El principal shock viene cuando confundimos el enamoramiento frenético de la etapa temprana con la versión más aterrizada del pasar de los años. Creer que el amor pasional llega para quedarse es caer en un grave error. Como dice el dicho budista: "Todo pasa, nada es permanente." De hecho, algunos investigadores ubican el término del enamoramiento entre los 6 y los 18 meses.

Sucede lo siguiente: con el tiempo, el enamoramiento acumula tanto kilometraje que empieza a requerir mantenimiento. Conforme se diluye el efecto, lo que permanece y nos vincula es el apego. Gracias a él, decidimos quedarnos y poner de nuestra parte para prolongar la relación, que se vuelve un acto de voluntad y decidimos amar. Digamos que es la vacación de la vacación: luego del traqueteo del viaje, llega el momento de arribar a casa a una etapa más estable y cotidiana.

Oxitocina: la molécula del amor

La oxitocina juega aquí un rol muy importante. Científicos de la Universidad de Bonn, en Alemania, relatan que esta hormona se relaciona con la atracción y las conductas que fomentan el vínculo entre dos personas.

Pero lo más impactante de sus estudios llegó con un experimento en el que reclutaron a 57 hombres comprometidos en una relación monógama, a algunos de ellos les administraron oxitocina y a otros no (les administraron, más bien, una sustancia falsa y estéril). Posteriormente, una mujer atractiva se les acercaba. Los científicos tomaban nota del interés que esto les despertaba. Los resultados revelaron que los que fueron afectados por oxitocina preferían mantener mayor distancia respecto a la mujer.

Lo que los investigadores buscaban comprobar era si la oxitocina promovía los vínculos con nuevas personas (la mujer atractiva que se les aproximaba tentadoramente) o con sus parejas (aunque estuvieran ausentes al momento del suministro). El estudio sugiere que lo que en realidad provocó fue un mayor apego con sus parejas.

Por lo tanto, esto nos da a todos la pista de que aumentar la presencia de esta hormona en nuestro organismo puede ayudarnos a estrechar los lazos y fomentar la fidelidad con nuestras parejas.

Para la oxitocina también hay trucos

El investigador y escritor Paul J. Zak lleva doce años estudiando la influencia de la oxitocina en los seres humanos. Esta hormona, dice, es la base química de la confianza entre las personas, aumenta nuestra consideración hacia ellas y nos motiva a trabajar en conjunto hacia una meta común.

Producto de su revisión de estudios y sus pruebas de laboratorio, el autor ha identificado excelentes formas de aumentar los niveles de oxitocina en la sangre. Comparto contigo algunos de sus más interesantes tips.

- **Completa atención:** aparta cualquier dispositivo y presta toda la atención de tus ojos y oídos a tu interlocutor.
- **Obsequios:** si le das un regalo a alguien, no sólo recibirá el regalo sino una agradable descarga de esta hormona.
- **Comer juntos:** disfruta una velada tranquila en compañía de tu pareja.
- **Abrazos y palabras de amor:** maneras físicas y verbales de manifestar que alguien te importa.
- **Meditación afectiva:** las técnicas meditativas que se enfocan en el amor o la compasión, como la llamada *"metta"*, enriquecen más los vínculos sociales que otras como el método de *mindfulness*.

El amor es de quien lo trabaja

"La gente cree que sus feromonas van a crear de alguna forma el sentimiento del amor, o que su glándula pituitaria tomará el control y secretará las hormonas correctas. Por el contrario, la gente tiene mucha responsabilidad en el amor y la fidelidad emocional y sexual de una relación", sentencia tajante el psicólogo y escritor John Gottman.

Así que dejemos a las hormonas hacer su trabajo y nosotros aboquémonos a hacer el nuestro. Porque una cosa es clara: el amor inicial no siempre predice el éxito de las relaciones. "El sexo, el romance y la pasión no son magia; en realidad son muy simples", continúa el profesor Gottman.

En corto, la lección es que el frenesí del enamoramiento le sale fácil a cualquiera y con cualquiera; en cambio, cultivar una relación armónica de largo plazo es un arte.

Así que debemos arremangarnos, ponerle toda la actitud y fuerza de voluntad, porque lo que sucede a nivel inconsciente requiere de una base de esfuerzo consciente, dirigido a la meta de ser feliz en pareja.

Pongamos una muestra. Una investigación de la Universidad de Toronto midió las llamadas "sexpectativas" de la gente; es decir, las expectativas que tienen las personas sobre su vida sexual y la relación que ésta guarda con la armonía en su pareja.

Tras entrevistarlos, el estudio separó a los 1 900 participantes en dos grupos: los que creían en el "destino sexual" —quienes suponían que su gozo sexual ya está predeterminado— y los que invertían en el "crecimiento sexual" —quienes perseguían una buena vida sexual a través del trabajo en pareja.

Mientras los creyentes del destino sexual medían su relación según su vida sexual y tendían a exportar los problemas del dormitorio a su dinámica de pareja, los que preferían el crecimiento sexual trabajaban para mejorar sus problemas en la cama y no permitían que estos afectaran su satisfacción general como pareja.

Según la líder de la investigación, Jessica Maxwell, los resultados traen consigo algo curioso: aunque las mujeres sean las principales consumidoras de historias de amor de "almas gemelas" y matrimonios que viven "felices para siempre", los hombres parecen creerse más esos cuentos. Es decir, las mujeres tienden a creer más en el crecimiento sexual y son más luchonas para sacar adelante la relación que los varones.

La reflexión del estudio canadiense es que la dinámica en pareja no es diferente al resto de la vida: aquellos que se esfuerzan obtienen una mayor recompensa que quienes se quedan "papando moscas".

Entendámoslo de una vez: no nos merecemos todo por bonitos o por el hecho de haber nacido. Si una cualidad me gusta de la gente es su hambre de superación o, como decimos en el norte de México, cuando son "echados pa' delante". No hay hilos negros que descubrir en el amor duradero. Entre más generosos seamos con nuestra pareja cada día, más recibiremos de ella.

Más "te llevo en el pensamiento"

El amor también se refuerza en la realidad virtual de nuestra mente. Un estudio realizado por científicos ingleses descubrió que el soñar despierto o tener ensoñaciones con personas queridas está asociado con más sentimientos de felicidad, amor y conexión.

Pensar en nuestra pareja, revivir escenas felices en su compañía y visualizarnos a su lado tiene el potencial de reforzar el vínculo amoroso con ella.

ASÍ QUE "PONER EL CUERNO" SUELE COMENZAR CON UN ALEJAMIENTO MENTAL. SUCEDE QUE CEDEMOS A OTROS POSTORES AQUEL LUGAR VIP QUE TENÍAMOS ASEGURADO PARA NUESTRA PAREJA, A QUIEN POCO A POCO DESPLAZAMOS A LAS ESQUINAS DE NUESTRA MENTE.

Así que ¿qué tal esta idea? No desbanquemos a nuestros seres queridos. Y es más fácil lograrlo cuando no les guardamos resentimiento en nuestro corazón. Todos preferimos pensar en asuntos que nos traigan una sonrisa y no un dolor de cabeza, así que atesorar los momentos felices y soltar los desafortunados es la mejor táctica para tener nuestra relación en alta estima a través del recuerdo. Si asociamos nuestra relación con sentimientos positivos, cuando haga su aparición, nuestra reacción mental será de acogimiento y no de rechazo.

El hombre usa los ojos; la mujer, la memoria

Lucy Brown y Helen Fisher, investigadoras del Colegio de Medicina Albert Einstein, en Nueva York, reclutaron a un grupo de jóvenes recién enamorados para aprender con exactitud qué partes de su cerebro se estimulan.

Conectados a escáneres de resonancia magnética, a los hombres y mujeres se les mostraron imágenes de sus amadas y amados.

Mientras que los hombres registraron mucha más actividad en la región del cerebro que integra los estímulos visuales, las mujeres activaron con mayor fuerza segmentos que administran la memoria.

La doctora Fisher especula que esto se debe a la misión que cada sexo tiene en la evolución de nuestra especie: los varones recurren más a la vista para buscar una pareja que pueda sobrellevar un embarazo y tener su descendencia, mientras las mujeres atienden y registran con más detalle las características que perfilan a alguien como buen compañero y padre de familia.

Y tiene mucha lógica: los miembros de un sexo se comportan según lo que los del otro buscan. Explica por qué las mujeres invierten tanto en ropa, accesorios y el cuidado de la belleza de su cuerpo, y por qué los hombres sacan todo su arsenal de caballerosidad y detallismo durante el proceso de conquista.

Así que ¿pistas para mantener la llama amorosa?

No descuidar y reanimar justo esos elementos que cada uno procuró para encenderla en el otro.

"¿No cree en la magia del amor?", le preguntaron en entrevista a John Gottman. "Creo que es una mentira. Significa que no tienes ninguna responsabilidad de hacer que una relación funcione", respondió.

Lo parafraseo: el amor puede suceder en cualquier momento. El flechazo puede llegar de pronto; estamos programados para eso. El verdadero reto es cómo hacer que ese amor se extienda y se ponga en servicio de una relación prolongada y enriquecedora.

Reza el dicho: "Decidir es renunciar." Un amor verdadero y maduro es tomar con firmeza una decisión: dar todo por nuestra pareja, acometer con determinación los obstáculos para librarlos camino a nuestra meta. También es un acto de renuncia: no caer en la tentación de otras personas a la primera de cambios, renunciar a la flojera de creer que ya tenemos todo asegurado en automático.

¿Esperaremos a que el amor nos visite por aquí y por allá como nómada o provocaremos que llegue para quedarse?

Gente asfixiante

Pero ¡qué horrible término! Sin embargo, a lo mejor tú has sido así o convives con alguien así. O ¿por qué no? algún familiar vive una relación de esta índole y sigue así por no poner un límite a tiempo.

Como me decía una conocida llamada Yolanda: "Si le busco y lo celo es porque lo quiero, y mucho."

"No puedo evitarlo, siempre quiero saber dónde está. La ansiedad me mata, me consume cuando lo veo reír y contestar mensajes que *alguien* le envía a su celular. No es que lo cele o dude, pero es mejor estar segura de que soy la única persona en su vida a quien realmente ama."

Son tantas las historias similares que quiero compartir en este libro respecto a la gente extremadamente "asfixiante" que no se da cuenta.

¿A qué me refiero con parejas asfixiantes? Son extremadamente celosas, controladoras o posesivas; desean saber todo, absolutamente todo de quien tanto aman, incluso sus pensamientos. Su inseguridad la manifiestan con ansiedad justificada por el intenso amor que sienten y la poca confianza que tienen en la gente que rodea a su pareja. Buscan que su pareja les dé la seguridad que les falta.

Y para aclarar más, te comparto las actitudes más comunes que tiene una pareja asfixiante o inmensamente celosa:

1   Llama o envía mensajes al celular a cada momento, varios, muchos para ver cómo estás o dónde andas, o con quién estás. Y si por alguna razón esos mensajes no tienen respuesta, se imagina las escenas más intensas dignas de cualquier película erótica donde, por supuesto, el protagonista principal eres tú con otra persona que obvio, no es él o ella. Para evitar tales pensamientos, es capaz de llamar a personas que tienen que ver contigo para verificar si estás con ellos o estás bien.

2   Busca la forma de revisar tu celular. Investiga las posibles contraseñas o con su ojo de lince intenta averiguar a distancia la clave para desbloquear tu celular. De pasada, revisa tu cartera, los olores de tu ropa y si le es posible, también te revisa los calzones.

3   No le agrada la idea de que salgas con amigos o amigas. Y si lo haces, no habrá mejor compañía que la suya.

33

4   Más pleitos que momentos de tranquilidad. Y las dificultades son generalmente porque no le das la atención que dice merecer.

5   Benditas redes sociales que nos acercan a tantas personas pero también nos alejan de los más cercanos. Las redes sociales son también causa de grandes conflictos, separaciones y hasta divorcios. A la pareja asfixiante le gusta publicar fotografías sobre lo felices que son y desea que tú las publiques también, para que toda la gente que te conozca vea el gran amor que se tienen. Y de pasadita, quiere que pongas de foto en tu perfil de WhatsApp alguna donde estén ambos abrazados o en casos extremos solamente la de tu pareja. ¡Zas! ¿Así o más insegura?

Por supuesto, no faltará quien esté leyendo esta parte del libro y esté justificando que así es porque le han dado motivos suficientes para desconfiar o incluso, ya lo o la "pescó en la maroma" por no decir que en "la movida".

En esos casos nos debe quedar muy claro: la confianza se tiene o no se tiene. Si deciden luchar por la relación, el tiempo juega un papel fundamental para cerrar heridas y ganarse nuevamente esa confianza perdida. Se aclara lo que se tenga que aclarar y se lucha por la relación.

Meditar sobre las parejas celosas o asfixiantes me inspiró una de mis frases matonas, que espero algún día sea célebre: "No celar puede significar indiferencia o madurez; celar tantito, que te valoro mucho, celar mucho, que no me valoro nada."

En mi libro *El lado fácil de la gente difícil* comparto una historia real y casi increíble, la de Arturo, hombre muy, pero muy celoso; es una historia cargada de reproches hacia la esposa por dudas infundadas; ella vive siempre humillada con las suposiciones más absurdas de probables infidelidades. La última y más significativa fue querer saber todo nada más y nada menos acerca de... ¡sus sueños! ¿En qué o con quién soñaba? Era el martirio más grande de este hombre de un poco más de 50 años.

Cuando le pregunté si alguna vez ella le había dado algún motivo que fortaleciera su duda me contestó que nunca. Pero que no se podía confiar en una mujer, dijo, ése había sido el consejo de su padre, que en paz de descanse.

Ya entrando en detalles y agregando razones por las cuales él tenía sus dudas, supe más cosas, el colmo fue enterarme de la historia de sufrimiento de su madre ante la celotipia de su padre. La señora, de 72 años, enfermó de cáncer de seno, detectado tardíamente por una negativa del marido, ¿sabes por qué? Ningún hombre o mujer debería ver los senos de su esposa. Ella fue tratada sólo por doctoras de edad avanzada y a regañadientes, buscando siempre que ningún médico varón la viera. Cuando ella entró en agonía por la enfermedad (y no me refiero a toda la agonía que vivió con ese carcamal celoso), el señor, con gran dolor o, mejor dicho, con gran preocupación, expresó a la familia un temor más, una incertidumbre que lo consumía: al morir su mujer la gente de la funeraria la vería... ¡desnuda! ¡El colmo! Extraño, pero real. Con base en esa historia de su padre, pueden entenderse, mas nunca justificarse, los celos de aquel hombre, ¿no te parece?

Te comparto esta historia que hace algunos años me contaron:

Una madre y una hija estaban caminando por la playa. De pronto la hija le pregunta:

—Mamá, ¿cómo se hace para mantener vivo un amor?

La madre mira con mucha ternura a su hija y le responde:

—Toma un poco de arena y cierra la mano con fuerza.

La joven así lo hizo y se dio cuenta que cuanto más fuerte apretaba la mano, la arena se escapaba más rápido.

—Ahora —le dijo la mamá—, abre completamente la mano.

Así lo hizo su hija y vino un fuerte viento y se llevó consigo la arena que quedaba en la mano.

La madre, siempre sonriendo le dijo finalmente:

—Ahora toma otra vez un poco de arena y mantenla con la mano como si fuera una cuchara... lo suficientemente cerrada para protegerla y lo suficientemente abierta para darle libertad.

La joven así lo hizo y vio que la arena no se le escapaba de la mano.

—Es así, cómo perdura el amor.

10

¿LA SALUD Y LA JUVENTUD SON ESTADOS MENTALES?

Me quedaría corto al expresar tantas historias de personas con enfermedades graves que he conocido a lo largo de mi vida y han decidido vivir a pesar de todos los pronósticos médicos.

Mi amiga María Alicia Urbaneja, venezolana de la cual compartí su historia en mi libro anterior *No te enganches #TodoPasa,* y a quien le diagnosticaron un linfoma de células del manto en grado avanzado, adjudica la presencia de esta enfermedad a las emociones negativas que vivió en su país desde el mandato de Hugo Chávez, hasta el de su sucesor Nicolás Maduro, quienes, como sabemos, han llevado al país a la inestabilidad económica y emocional de sus habitantes.

"Tanto coraje y frustración ocasionó en mí una posible baja de defensas que se manifestó en varias enfermedades", incluyendo la anteriormente descrita.

Una enfermedad muy grave pero ella nunca se dio por vencida. Aun y con el pesimismo de la primera doctora que la atendió, quien le expresó a ella y a sus familiares el peor panorama, buscó una segunda opinión de un médico que siempre mantuvo la esperanza de curarla. "¡Te vas a curar, María Alicia!" palabras que le repitió una y otra vez. Ahora ella vive en Santo Domingo, República Dominicana, con mucha salud y múltiples planes para el futuro.

Mi padre, a quien desde hace 15 años se le diagnosticó cáncer de piel, lo venció con quimioterapias y una dosis enorme de optimismo. Cinco años después se le diagnosticó cáncer de próstata, al que venció también con su fe en alto y posteriormente padeció un cáncer de páncreas. En todas las ocasiones él dijo que se iba a curar. Siempre optimista, con una capacidad de asombro fuera de lo normal, amante de la vida y todo lo que conlleva, con una esposa cristiana con una fe inquebrantable que siempre oró por su salud.

Mi padre falleció el año pasado, a los 86 años, pero por razones totalmente diferentes a las del cáncer.

He coincidido en varias ocasiones con la sobrecargo del vuelo que me lleva a casa, Laura Trejo, con más de 27 años de servicio. De esas mujeres que hacen de su trabajo un arte ya que brilla por su profesionalismo y su eterna sonrisa. Al verme tan inspirado escribiendo este capítulo del libro le comenté parte de su contenido. Sin dudarlo me dijo: "Por supuesto que es una realidad la relación actitud-enfermedad. Me consta al ver a compañeros y compañeras aprensivas o quienes hacen de la queja una costumbre o quienes se nota que no les gusta su trabajo, padecen más enfermedades de todo tipo."

Podría seguir enumerando historias, pero yo sé que tú conoces alguna, de quien contra pronósticos sombríos logró salir adelante por su actitud positiva y su tratamiento oportuno; o alguna del segundo tipo, que con su pésima actitud jala todas las enfermedades, tanto psicosomáticas como reales.

Este libro es para decirnos verdades: ¿Son la salud y la juventud estados mentales?

Sí y no. Obviamente no lograremos la inmortalidad ni curarnos una enfermedad terminal recitando un mantra. Y, sin embargo, la ciencia sí ha podido unir ciertos puntos entre nuestras actitudes y nuestra capacidad para enfrentar enfermedades y mejorar nuestra calidad de vida.

Para entenderlo debemos primero desmentir un mito. Muchas veces reducimos la realidad a una serie de opuestos: que si nuestras acciones son triunfos o fracasos; que si los partidos políticos deben ser de izquierda o derecha; que si las personas son buenas o malas.

De forma similar en nuestra cultura nos han enseñado que el cuerpo y el alma son opuestos en pugna. En otras palabras, que la carne es una cárcel para el espíritu. Si esto fuese una verdad absoluta ni cómo pensar que el alma (o el espíritu, la mente...) pudiera siquiera mover un poco los rígidos barrotes de su celda corporal.

Pero esto no es del todo cierto. Ya lo decían en otras latitudes: en la filosofía taoísta de China no existen los polos, más bien el yin y el yang que simboliza que los aparentes opuestos son más bien complementos. En algunas tradiciones surgidas en la India incluso se cree que la mente crea la realidad en el universo, cuando acá nos enseñaron lo contrario.

La ciencia también respalda esta hipótesis. Una muestra clara de la influencia de la mente sobre el cuerpo es el llamado "efecto placebo", que se da cuando un médico receta medicamentos falsos —o incluso somete a cirugías y procedimientos falsos— a pacientes que, a pesar de ello, mejoran sus cuadros de salud. Se ha comprobado que el suministro de estas soluciones placebo puede causar importantes mejorías en síntomas de dolor, enfermedades mentales y hasta en Síndrome de Parkinson, por su intervención en distintos segmentos y neurotransmisores del cerebro.

En un estudio de la Harvard Medical School se comprobó que para la depresión, el placebo (medicina falsa que indican al enfermo y cree que puede curar) tiene una tasa de respuesta de entre 30% y 40%. Otro investigador de la misma universidad, el doctor Ted Kaptchuk, ha descubierto algo impresionante en sus estudios del síndrome de intestino irritable: el poder de la mente es tal que, aunque los pacientes fueron informados de que sus medicinas eran falsas (hechas sólo con azúcar o harina de maíz), presentaron el doble de mejoría respecto a los que no tuvieron ningún tratamiento.

La influencia de la mente sobre el cuerpo implica algo muy importante: que el bienestar no sólo es un juego de azar; es también un juego de destreza que debemos practicar toda nuestra vida. En otras palabras, estar y sentirnos bien física y emocionalmente es también una decisión.

Así que ¿cómo logramos prevenir y sobrellevar con más eficacia las enfermedades y nuestra vida de cara a la tercera edad?

Para responder esta pregunta, volvamos a la premisa de este libro: actitud positiva. Y aquí hay que liberarnos de un hábito arraigado desde la infancia, cuando nos aferrábamos con uñas y dientes a los cobertores para faltar a la escuela: la bonita costumbre de quejarnos de todo. La queja es nuestro deporte nacional y en este deporte el jugador estrella es siempre el mismo: *yo.* Un jugador además bastante caprichoso y socarrón. En vez de tomar la vida y sus retos como vienen los ve con un filtro de negatividad y egoísmo, desde la amargura en el diagnóstico: "¿Por qué me pasa esto a mí?" "¡¿Qué hice yo para merecerlo?!", hasta el fatalismo en el pronóstico: "¡Y no la libro!"

Vale la pena preguntarnos: ¿alguna vez ha servido de algo la preocupación?, ¿qué tal si mejor nos ocupáramos en encontrar soluciones? Recordemos: estar bien es una decisión. Para tomarla, necesitamos ser optimistas.

Y, de nuevo, a las pruebas me remito.

El poder de una buena actitud

Investigadoras de la Universidad de Harvard emprendieron la labor titánica de revisar 200 estudios en los que encontraron que el optimismo y las emociones positivas brindan protección contra las enfermedades del corazón, además de que aparentemente detienen el progreso de estos males en caso de ya padecerlos.

"Las personas más optimistas registraron aproximadamente 50% menos riesgo de sufrir un episodio cardiovascular inicial en comparación con las menos optimistas", nos comparte Julia Boehm, investigadora de la Universidad de Harvard.

Otra publicación de la misma universidad refiere un estudio de la American Medical Association en el que entrevistaron a 589 personas una vez al mes, durante 10 años para averiguar la percepción que tenían sobre su propio envejecimiento. El resultado fue que las personas con una actitud positiva hacia su camino a la tercera edad demostraron ser 44% más propensas a recuperarse de sus enfermedades que aquellos con una actitud negativa.

Otro estudio similar hecho por investigadores de la Universidad de Yale reveló algo más impactante. Los científicos midieron la percepción de los participantes sobre su envejecimiento por más de dos décadas; descubrieron que quienes lo describían positivamente vivían 7.5 años más. ¡Sí, 7.5 años!

El artículo revela incluso que esta inclinación por ver el lado amable de las cosas tiene un mayor impacto en nuestra expectativa de vida que otras medidas como cuidar el colesterol, evitar la hipertensión o dejar de fumar.

Incremento de expectativa de vida según un estudio de investigadores de Yale	
Tener una actitud positiva hacia el envejecimiento	7.5 años más
Controlar la presión arterial y el colesterol	4 años más
Hacer ejercicio	1-3 años más
No fumar	1-3 años más
Bajo índice de masa corporal	1-3 años más

Tiene sentido, ¿no? Entre más positiva sea nuestra visión del mundo, más gozaremos de nuestra vida y, entre más nos agrade ésta, más ganas tendremos de librar cualquier obstáculo y permanecer en la aventura.

Actitud negativa: los villanos también tienen poderes
Ahora volteemos la tortilla: si las emociones positivas nos ayudan a sanar y prevenir, ¿las negativas nos pueden enfermar?

La revista *Time* hizo un recuento de estudios científicos con los siguientes resultados: la gente que con frecuencia guarda sentimientos de negatividad y desconfianza es más propensa a ser víctima de demencia y enfermedades del corazón; las personas hostiles y poco amistosas tienden a sufrir más infartos que las más amables; además, aquellos que padecen de depresión tienen mayor riesgo de tener diabetes, ataques al corazón y distintas discapacidades.

Al respecto, la doctora Emiliana Simon-Thomas, de la Universidad de Berkeley, nos da dos noticias: ¿la mala? Nuestros sentimientos y pensamientos negativos pueden afectar nuestras funciones metabólicas, hormonales e inmunitarias, además de que nos orillan a tomar malas decisiones (alcoholismo, tabaquismo, sedentarismo, etcétera); ¿la buena? ¡El cerebro es como plastilina! Con nuestros hábitos y pensamientos podemos moldear literalmente la estructura de nuestras neuronas.

Esto significa que podemos recomponer el rumbo abriendo nuevas brechas.

La actitud es un complemento

No por cobijarnos la cabeza nos vamos a destapar los pies, ¿verdad? En otras palabras, no por tener una actitud positiva dejaremos de adoptar buenos hábitos, alimentarnos sanamente, hacer ejercicio y acudir al médico.

Sentirnos jóvenes es importante en tanto que no ignoremos la realidad de que habitamos un cuerpo que envejece físicamente. La ciencia tampoco ha encontrado evidencia suficiente que nos confirme el poder de las emociones sobre enfermedades terminales como el cáncer.

Tampoco es sabio ir por el mundo evangelizando a quienes están en una peor posición que nosotros. A veces no es fácil minimizar los males y sentimientos de los demás soltando un simple "no pasa nada, hombre; todo está bien". Cada quien vive una fase única y lleva su proceso de forma diferente, así que no metas nada con calzador.

Recordemos que todo es un círculo virtuoso compuesto de muchos elementos, y la actitud positiva es uno más en la ecuación. Debemos diversificar siempre nuestro portafolio de bienestar.

Golpe de timón

Las emociones suelen controlarnos más de lo que nosotros a ellas. Seguramente has sentido esa sensación de estar poseído por fuerzas ajenas e incontrolables, sobre todo si tienen su origen en un problema de salud.

¿Es posible domar estas bestias?, ¿podemos adoptarlas con gusto en nuestro corazón para luego cambiarlas fundamentalmente?

Antes que nada, debemos empezar desde donde estamos. Mientras que algunos parten de una perfecta salud pero con malas actitudes, habrá otros que sufran enfermedades y sin embargo pinten siempre una sonrisa en su rostro. Independientemente de esto, lo que importa es ser honestos a la hora de evaluar nuestro punto de partida y luego tener la suficiente fuerza de voluntad para dar los primeros pasos. Antes de echarnos a correr hay que aprender a gatear.

Desde este diagnóstico sincero podemos entonces encontrar y entender la raíz de nuestros problemas afectivos. Los sentimientos a flor de piel son signos que delatan nuestra reacción a las cosas que nos suceden. Sigue el hilo del que penden para llegar a la razón que los origina.

Pregúntate: "¿Cuál es la creencia que sustenta mis miedos o enojos?" "¿Se basa en una realidad del presente o más bien en una suposición proyectada al futuro?"

Quizá descubras un miedo profundo a la muerte, un vacío de incertidumbre sobre tu salud futura o una rabia punzante que reclama la injusticia de que esto te suceda a ti.

Acoge estos hallazgos con una actitud de aceptación. No reacciones a tus emociones negativas como si fueran una camisa de fuerza de la que te quieres liberar a toda costa.

Tampoco reprimas los sentimientos negativos ni fuerces los positivos. ¿Es posible eliminar el olor de una pila de basura rociándole perfume Chanel? Lo mismo sucede cuando intentas cubrir tus sentimientos negativos con una capa de otros positivos. Deshaz los nudos de los primeros antes de empezar con los segundos.

Remítete a los hechos para facilitar ese sentimiento de aceptación: las complicaciones de salud y las emociones son parte de la vida; la muerte es parte del ciclo del planeta; el futuro no existe aún, no vale la pena preocuparte por suposiciones.

Trata de inyectar una dosis de sentido del humor. Las situaciones difíciles vienen acompañadas de una carga exagerada de gravedad, pero lo cierto es que el ser humano tiene una capacidad extraordinaria de adaptación y a la larga cambia la reactividad por la aceptación. La vida no es tan seria después de todo.

UNA VEZ QUE FIJES UNA BASE MÁS ESTABLE, AHORA SÍ PODRÁS CULTIVAR ACTITUDES Y SENTIMIENTOS POSITIVOS. COMO VERÁS EN TODO ESTE LIBRO: LA GRATITUD, LA GENEROSIDAD, EL ENFOQUE EN EL AQUÍ Y EN EL AHORA SON SÓLO ALGUNAS DE LAS HERRAMIENTAS PARA CONSEGUIRLO.

Una mente dedicada a apreciar la vida de tiempo completo no da cabida a lamentaciones y demás fantasmas peores.

Esto nos anima a dar un giro trascendental. La vida no es simplemente lo que nos toca por suerte o destino; es también aquello que nosotros provocamos con cada una de nuestras decisiones. En vez de cruzarnos de brazos y suspirar como meros espectadores pasivos, o de plano unirnos al lado oscuro del pesimismo, podemos tomar la decisión de estar mejor y ser mejores con plena consciencia.

¿Permanecerás con complacencia en el asiento trasero de tu vida o tomarás el volante para conducirla hacia mejores parajes?

La sabiduría que dan los años

En este capítulo repasamos lo que la ciencia recomienda para ser sano y feliz en la tercera edad, pero vale la pena también leer los consejos de vida que los más veteranos nos regalan al resto.

El profesor Karl Pillemer de la Universidad de Cornell emprendió un maravilloso programa llamado *The Legacy Project.* En él le preguntó a 1500 ancianos lo siguiente: "¿Cuáles son las lecciones más importantes que has aprendido durante el transcurso de tu vida?"

Comparto contigo algunas de las mejores respuestas:

— Un hombre de 75 años: "No eres responsable por todas las cosas que te suceden, pero estás en completo control de tu actitud y tus reacciones hacia ellas."

— Una persona de 84 años: "Adopta una política de estar alegre."

— Una mujer de 90 años: "Aprendí a estar agradecida por lo que tengo y ya no lamento lo que no tengo o lo que no puedo hacer."

— Un hombre de 80 años sobre el envejecimiento: "Abrázalo y acéptalo. No luches contra eso. Envejecer es tanto una actitud como un proceso."

— El mismo hombre aconseja a los jóvenes: "No pierdas el tiempo preocupándote por envejecer."

— Una mujer de 92 años: "Creo que soy más feliz ahora que nunca en mi vida. Las cosas que me parecían importantes ya no lo son o no lo son tanto."

— Por último, alguien más comentó: "Cada década, cada edad, tiene oportunidades que le faltaban a etapas anteriores."

En general, gracias al proyecto, nos enteramos de que envejecer ha superado por mucho las expectativas de la mayoría de los participantes. Incluso aquellos con enfermedades crónicas se sienten tranquilos y contentos.

Viejo pero no le hace....

2016 fue un año de duelos para mí por el fallecimiento de dos personas que extrañaré siempre: mi padre, y aunque para muchos sea difícil de creer, también se quedará por siempre en mi mente mi adorada suegra. Una palabra que de por sí tiene cierto toque de rechazo por los chistes o anécdotas que se hacen a este personaje a quien le debemos la dicha —o desdicha, según sea el caso— de tener a alguien a nuestro lado. En mi caso, obvio, es la gran dicha.

Mi padre murió el 15 de septiembre de ese año, después de una enfermedad de varios meses que lo consumió poco a poco. Él, al igual que muchas personas en condiciones graves, no quería morir; amaba la vida y todo lo que conlleva. Difícilmente se quejaba de sus problemas o de los achaques propios de su edad.

Mi padre nunca perdió su capacidad de asombro y lo demostraba al visitar una y otra vez diferentes ciudades coloniales de México y llegar a ellas como si fuera la primera vez, admirando sus calles, sus atardeceres, sus balcones. Fotografiaba puertas viejas, flores, parques y todo lo que se le antojaba. Le encantaba ir a pueblos y tomar las fotos de plazas, quioscos. En los pueblos recónditos fotografiaba niños y ancianos que se lo permitían y posteriormente regresaba y los buscaba para obsequiarles esa foto, y ellos muchas veces quedaban atónitos y felices pues jamás se habían fotografiado.

Como buen excursionista, desde su juventud y hasta su edad adulta subió varias veces las montañas más altas de México.

A diferencia de mi madre, mi papá siempre fue optimista y la preocupación no era una actividad a la que le dedicaba tiempo.

Mi madre de repente le decía: "¡Mi viejito!", a lo que de inmediato él le contestaba: "¡Tu abuelito es el viejito y ya murió!"

Tres veces se le diagnosticó cáncer y las tres veces lo venció con optimismo y fe. Guadalupano hasta sus últimos días y amante de la vida, siempre planeaba un viaje, una excursión. Tiempo después de morir mi madre, volvió a casarse con Manola, una maravillosa mujer igual de alegre y optimista que él.

Mi padre aceptó con dignidad el paso del tiempo y nunca renegó de los estragos que por naturaleza deja. Siempre alegre, de todo hacía un chiste, y como chiste también transcurrió su vejez.

Murió a los 86 años rodeado de amor. Estoy plenamente convencido de que disfrutó inmensamente la vida.

Reitero, no deseaba morir "tan joven", ya que siempre estaba planeando cosas para el futuro, aún en su lecho de muerte.

Mi suegra murió tres meses después. Como mi padre, también ella amaba la vida y lo que le daba. Aunque la conocí cuando ya tenía "cierta edad", nunca se quejaba, nunca visitó un hospital, cuando le dolía algo teníamos que investigar y deducir que algo le sucedía. La queja no era algo que se le daba fácilmente. Doña Laura, siempre segura de lo que decía y hacía, comía poco pero comía. Vivió unos años con una de sus hijas y luego sola; posteriormente le sugerimos una casa de cuidados de adultos mayores donde tuviera toda la seguridad y comodidades que merecía. Ahí pasó los últimos meses de su vida ya que en forma inesperada y ante unos signos de dolor leve, le diagnosticaron cáncer de hígado y falleció ¡4 días después!

¿Desde cuándo lo tendría? Nunca lo sabremos, pero ella jamás se quejó ni dejó de disfrutar cada día de su vida, incluyendo su vicio de fumar una cajetilla de cigarros diaria que jamás pudimos retirarle. Ella disfrutaba ese vicio y nunca tuvo las secuelas incapacitantes que este nefasto hábito hace, ni podré afirmar al cien por ciento que fue la causa de su cáncer y de su muerte.

Hasta para morir, doña Laura no molestó. Tuvo un final como muchos desearíamos, relativamente rápido y de escasos tres días de dolor, el cual fue mitigado gracias a la medicina que en la actualidad existe.

"¡Ni para morir fue necia doña Laura!" Le dije a mi esposa en alguna ocasión.

Ella, al igual que mi padre, nunca temió el paso del tiempo. Disfrutó sus 87 años de vida y se adaptó a todos los cambios voluntarios e involuntarios.

Dos historias muy diferentes a las de Edmundo, amigo de la infancia, de esas personas que en mi libro *No te enganches,* describo como *viejosos.* Personas relativamente jóvenes que adquieren actitudes de personas mayores y además se convierten en quejumbrosos y enfermizos.

Las canas han poblado prematuramente su cabeza y el pelo quebradizo es cada vez más escaso. Habla con cierto aire de queja del paso del tiempo. Expresa que los años pasados siempre fueron mejores que el presente y no desaprovecha los brindis de cada fin de año para decir que probablemente será el último (espero que no sea así).

Por supuesto su salud no es la mejor, la diabetes, el colesterol y los triglicéridos están ocasionando estragos en su cuerpo, además del gran estrés que durante estos años ha tenido.

La vida de mi padre y mi suegra fueron plenas y estoy seguro de que si hubieran leído lo que a continuación comparto hubieran hecho más cosas y tenido más experiencias; espero que mi amigo Edmundo lea esto:

La Dra. Ellen Langer hizo un experimento en 1979 en el cual durante una semana, un grupo de hombres de 75 años de edad se fueron a un centro para retiros. Se les pidió que no llevaran fotos, periódicos o libros realizados después de 1959.

Al llegar al centro de retiros, juntaron a todos los hombres y les comentaron que durante la siguiente semana iban a actuar como si el año en el que estuvieran viviendo fuera 1959, año en el cual ellos tendrían 55 años. Para reforzar la idea, todo en los exteriores estaba diseñado para que pareciera que era 1959, desde la ropa que usarían, los programas de televisión, las revistas, periódicos, etcétera... y así, durante una semana el grupo de hombres de 75 años actuaron como si estuvieran en 1959, incluso hablando de sus trabajos de esa época, situaciones familiares y todo lo que les ocurría en esos años.

A todos los participantes se les evaluó antes de empezar el experimento en los aspectos que se deterioran con la edad, como la fuerza física, postura, percepción, cognición y memoria de corto plazo. Al término de la semana en la que actuaron como si tuvieran 55 años se les volvió a evaluar y prácticamente todos habían mejorado en cada uno de los aspectos mencionados, incluso su vista y memoria mejoraron en promedio 10%. Su apariencia física cambió, se pidió a personas aleatorias que vieran fotos del antes y después para estimar la edad de los participantes y en promedio los vieron 3 años más jóvenes después del experimento.

Este estudio nos dice que nuestra realidad externa es mucho más maleable que lo que la mayoría piensa, y depende mucho más de cómo lo percibimos nosotros que de lo que las circunstancias externas nos dictan. Por lo tanto, el clásico ejemplo de si vemos medio lleno o medio vacío el vaso, tiene un gran impacto en nuestras vidas; de ahí la importancia de la mentalidad positiva.

Está comprobado que los factores externos de tu mundo representan 10% de cómo te sientes y el otro 90% está definido por cómo procesas esos factores.

11

EL EJERCICIO Y CÓMO BENEFICIA LA QUÍMICA DE TU CUERPO

M i amigo, el padre Juan José Martínez, sacerdote desde hace muchos años me dijo una vez: "Entre más trabajo tengo, más oración debo hacer. Si no, ¡me apago!, ¡me desmotivo! y caigo en una especie de rutina sin encontrar el verdadero sentido al ministerio que realizo. No es que tenga que ir a retiros espirituales, necesito los retiros espirituales para seguir con esta vocación que tanto amo."

Una gran verdad ya que todo su trabajo tiene que ver con el servicio al prójimo y en ayudar a los demás a encontrar el camino correcto hacia la paz interior. Me identifico de cierta forma con él, no por el tipo de trabajo que tengo sino por los momentos de soledad, oración, meditación y ejercicio que tengo que hacer para realizar mi trabajo.

Tengo años que convertí en hábito las acciones anteriores y de entre ellas quiero enfatizar en el ejercicio, no por ser más importante que las otras descritas, pero cuando no lo hago mi nivel de tolerancia disminuye, mi estrés se eleva y la carga de trabajo la siento mucho más pesada.

La actitud y el ejercicio forman un increíble círculo virtuoso. Con la actitud hacemos acopio de la fuerza de voluntad necesaria para iniciarnos en el hábito del ejercicio, mientras que con la actividad física alimentamos nuestra actitud con una descarga de hormonas.

En la acera opuesta reside el círculo vicioso de la negatividad y el sedentarismo. La negatividad nos drena la motivación y con el sedentarismo dejamos enlatada la gasolina con la que echamos a andar el cambio.

La mudanza al lado virtuoso comienza con el convencimiento. En este apartado la evidencia hablará por sí misma, y hablará muy fuerte, pues el ejercicio es uno de los remedios más universales que conoce el ser humano.

El sedentarismo también mata, no sólo ataranta

Las sociedades con hábitos más tradicionales son más longevas y felices. Muchas veces descartamos lo tradicional por confundirlo con lo anticuado. Éste no es el caso. Sólo significa que sus costumbres conservan maneras de vivir más apegadas a nuestra biología original y, por lo tanto, tienden a ser más saludables.

La Historia grabó un antes y un después de la Revolución industrial. Para bien y para mal. Sin la asistencia de maquinaria muy sofisticada en su día a día, a nuestros antepasados la actividad física les era completamente natural: sus trabajos, sus traslados y hasta sus pasatiempos les exigían siempre una cuota básica de movimiento.

La cuota poco a poco se dejó de cumplir. En la mayoría de nuestras ciudades, las máquinas se adueñaron de los trabajos más demandantes, los autos nos llevan de un lugar a otro y la tecnología nos ancla al sofá de la sala.

Si lo piensas, a oídos de las personas de siglos antepasados sonaría ridículo nuestra clásica aspiración de "voy a hacer ejercicio". Simplemente era algo que hacían naturalmente, "sin querer". En cambio, nuestro estilo de vida es tan ocupado pero a la vez tan pasivo que le hemos tenido que buscar un espacio en la agenda a la actividad física. Mientras que ellos se ejercitaban para sobrevivir, nosotros vivimos para ejercitarnos... pero muy de vez en cuando.

Según la Unesco, el sedentarismo causa anualmente 3.2 millones de muertes prematuras en el mundo, lo que equivale a un 6% de las defunciones totales. La organización también reveló que, en 2008, poco más de 1 533 millones de personas no practicaban de forma regular alguna actividad física.

La buena noticia es que, a pesar de las mañas de la vida moderna, ejercitarnos aún está ahí como posibilidad de redención. Un análisis de *The Lancet* tomó 16 estudios científicos sobre el ejercicio y los efectos de sentarse por tiempos prolongados frente al televisor. Las personas que, a pesar de estos hábitos, tuvieran actividad física moderada constante (60 minutos al día) parecían disminuir el riesgo de muerte que se asocia con sentarse por mucho tiempo.

En otras palabras, hay esperanza de revertir los daños aun para los sedentarios en serie.

¿Parálisis por análisis?

Tomar una decisión intimida, sobre todo si alrededor del tema hay una bruma de desconocimiento e incertidumbre. Lo digo porque al ejercicio le tenemos un miedo inmerecido.

Muchos piensan que necesitamos un entrenador que nos aconseje rutinas sofisticadas. Unos más asumen que esas actividades son simplemente incompatibles con su rutina. Otros tantos esgrimen la clásica excusa del "me gustaría, pero no tengo tiempo".

Estas ideas no son del todo ciertas.

El ejercicio no tiene por qué ser cosa del otro mundo. Cualquier movimiento frecuente califica como tal. Nos sobran actividades muy cotidianas y terrenales con las que podemos palomear nuestra dosis diaria de activación física:

caminar, cortar el césped del jardín, hacer el aseo, lavar el coche. No necesita ser arduo para ser beneficioso.

Tampoco nos tiene que robar tanto tiempo. Según la Organización Mundial de la Salud, un adulto promedio necesita 150 minutos de activación física; es decir, cinco días de la semana en los que le dedique 30 minutos. ¿De verdad no podemos invertir 1.5% de nuestro tiempo a algo que nos retribuirá tanto en cantidad y calidad de vida?

"Para personas muy sedentarias, los primeros 20 minutos de movimiento proveen la mayoría de los beneficios del ejercicio en su salud: una vida más prolongada, una reducción de riesgo a padecer enfermedades." Nos dice Gretchen Reynolds, autora del libro *Los primeros 20 minutos.*

Los microejercicios que todos hacen sin saberlo

Golpeteo de dedos sobre el escritorio, zapateo en la alfombra, asentir con la cabeza en series de diez... todas rutinas clásicas de oficina por las que nadie se lleva crédito.

Las personas nerviosas y obsesivas son los "atletas de alto rendimiento" de estas disciplinas. Un estudio de la Clínica Mayo develó que los "movedores" compulsivos queman hasta diez veces más calorías que los más quietos.

Las investigaciones sugieren que la consistencia en esos pequeños ejercicios puede causar un mayor impacto que la actividad física rigurosa pero menos frecuente.

Por ejemplo, ocho horas de movimiento constante de pies pueden equivaler a una sesión de gimnasio o a 30 minutos de jugar squash.

Reacción en cadena

Bastan unos cuantos minutos para empezar a hacer la diferencia. Cuando analizan la sangre de participantes después de sus rutinas, investigadores han encontrado que los resultados positivos comienzan inmediatamente después o incluso durante la activación física.

Y vaya que no es cualquier cosa. Según un estudio de la Universidad de Sídney, ejercitarse desencadena no una ni diez, ni cien, sino mil reacciones moleculares que suceden en cascada dentro de nuestros músculos, regulando la operación de nuestro metabolismo e insulina.

Esto sucede en un cuerpo en movimiento: los músculos comienzan a incrementar su demanda de oxígeno. El corazón atiende la solicitud aumentando la presión y acelerando su ritmo. El cerebro interpreta todo esto como síntomas de estrés (estamos programados biológicamente para asumir que el ejercicio equivale a pelear o huir por nuestra supervivencia). Para contrarrestar la amenaza, el cuerpo produce proteínas como el Factor Neurotrófico Derivado del Cerebro y libera químicos como endorfinas, serotonina y norepinefrina, que en conjunto alivian el desgaste físico y mental, además de que ocasionan un estado de euforia.

El profesor MK McGovern afirma que la liberación de estos químicos es adictiva y el cuerpo requiere de aumentar la cantidad de ejercicio para obtener más dosis en el futuro.

Esto implica dos cosas: 1) si nunca has hecho ejercicio, las primeras semanas estarás radiante y extasiado debido a que no estabas acostumbrado a las descargas hormonales que produce; 2) ya que tengas el hábito, tu cuerpo solito te seguirá demandando más actividad en busca de esas sanas descargas de placer.

"¿Y yo qué gano con eso?"

En mi clavado en la literatura de investigación, encontré una infinidad de beneficios para el cuerpo y la mente. Explicarlos todos necesitaría tantas páginas del libro que pondría en serios aprietos a la editorial.

Por mencionar algunos en los que el cuerpo es el beneficiario: optimiza tus ciclos de sueño, inhibe el crecimiento de células cancerígenas, mejora el desempeño de los espermas, forma nuevas neuronas en tu cerebro, contrarresta los efectos de la contaminación, disminuye algunos daños provocados por el alcohol y previene la diabetes y las enfermedades del corazón.

La mente tampoco se puede quejar. La activación física libera el estrés, ayuda contra la depresión, instala un sentimiento de calma y felicidad con la producción de endorfina, serotonina y dopamina. Vaya, hasta combate varios síntomas de la esquizofrenia.

Entonces, "¿ejercitarse es como tomar un antidepresivo? No exactamente. Más bien, no ejercitarse es como tomar un depresivo." Nos dice el escritor Tal Ben-Shahar.

Pero ahondemos en las mejoras en nuestras habilidades mentales. El del ejercicio es un hábito, en la medida que establece una base de sentir y pensar bien, de actitudes y aptitudes, los demás hábitos sanos se facilitarán por puro efecto dominó. Recuerda: EL EJERCICIO MEJORA LA MEMORIA.

Un estudio del Dartmouth College, en New Hampshire, puso en evidencia la importancia de los efectos del ejercicio constante en la memoria y el bienestar mental de las personas.

Los investigadores mostraron una serie de objetos a los participantes, quienes debían contestar si los habían visto antes o no. Luego, los dividieron en dos grupos: uno que sometieron a una rutina de 30 minutos de ejercicio aeróbico diario durante un mes y otro que permaneció sedentario.

Tras este periodo, ambos grupos regresaron a tomar la misma prueba. Ocurrieron dos grandes hallazgos: aquellos que se habían ejercitado todo el mes progresaron en sus calificaciones de memoria y bienestar afectivo, pero también los que además se ejercitaron el mismo día del nuevo estudio (algunos no lo hicieron) obtuvieron las mejores notas en general.

En otras palabras, la constancia del pasado deja una estela positiva, pero cumplir con la tarea en el momento nos retribuye justo en eso: en mejorar nuestra memoria y de inmediato: AUMENTA LA PRODUCTIVIDAD.

Investigadores de la Universidad de Bristol, en el Reino Unido, trataron de descubrir si existe una relación entre ejercitarse en días hábiles y el bienestar de los empleados en sus lugares de trabajo.

En los días de activación física, el humor de las personas mejoraba significativamente. En los días sin activación, el humor se estancaba en los niveles cotidianos, incluso empeoraba (por ejemplo, los empleados se sentían menos calmados).

El estudio comprobó que integrar la rutina del ejercicio a los empleados los ayuda a recargar energías, concentrarse, resolver problemas, estar tranquilos y ser sociables con sus compañeros: INCENTIVA LA CREATIVIDAD.

Científicos de la Universidad de Leiden, en Holanda, diseñaron dos exámenes: uno en el que pedían a los participantes inventar formas diferentes de usar un mismo objeto (en este caso una pluma) y otro que les requería encontrar el común denominador entre tres palabras.

Los participantes contestaron las pruebas mientras pedaleaban en una bicicleta estacionaria. Los que tenían el hábito de ejercitarse al menos cuatro veces a la semana fueron más creativos en sus respuestas que los que carecían de él.

Mientras que a los sedentarios les costaba lidiar con el ejercicio y la prueba al mismo tiempo, a los más deportistas no sólo les era fácil, sino que también veían mejorada su creatividad en tiempo real: ¡ENFOCA TU ATENCIÓN!

Un estudio de la Universidad de Illinois, reveló que los niños que se ejercitaban con regularidad demostraron tener mejor función cerebral y desempeño cognitivo. Las mejoras ocurrieron en el control ejecutivo del cerebro: inhibición (resistirse a las distracciones, mantener el enfoque), memoria operativa y flexibilidad cognitiva (alternar tareas).

Otros estudios demostraron que el ejercicio mejora las notas de los niños con déficit de atención e hiperactividad. Los beneficios son tales que el profesor de Harvard, John Ratey, califica el ejercicio como medicamento: aún con actividad física muy ligera, el desempeño mental se ve beneficiado con una liberación de dopamina y serotonina similar a medicinas estimulantes como el Adderall.

A mayor edad, más necesidad

El hábito cobra mayor relevancia conforme nos acercamos a la tercera edad. El ejercicio desacelera nuestro declive físico y mental, además de ser un importante aliado para prevenir y sobrellevar enfermedades asociadas con el envejecimiento como osteoporosis, Alzheimer e hipertensión.

También vale la pena diversificar. Estudios han demostrado que diferentes ejercicios conducen a distintos resultados. Uno de los experimentos comparó los efectos en la memoria de los ejercicios aeróbico y de resistencia en adultos de la tercera edad. Aunque aquellos que practicaron los dos tipos mejoraron la memoria espacial, sólo los que practicaron ejercicio aeróbico experimentaron una diferencia positiva en su memoria verbal. Otro estudio halló que los cerebros de las mujeres que hicieron rutinas de pesas dos veces por semana se encogieron menos que las que recurrieron sólo a ejercicios de estiramiento.

En un estudio en Bruselas, Bélgica, científicos tomaron una biopsia de las piernas de diez personas saludables; les ordenaron correr por 45 minutos en bicicletas estacionarias para luego recoger otra muestra de sus extremidades a fin de hacer una comparación.

Hallaron que con cada rutina de ejercicio moderado la capa de protección de sus telómeros se revitaliza, lo que retarda el proceso de envejecimiento. Los telómeros son secciones de los cromosomas que se acortan cada vez que nuestras células se dividen. Estos con el tiempo se desgastan, lo que atrofia la capacidad que tiene el ADN de nuestro cuerpo para rejuvenecerse.

Para hacerte el cuento corto, el ejercicio puede extender la vida de una persona hasta cinco años. Y no sólo extiende la vida, sino también la vida útil porque preserva las condiciones mentales que nos permiten seguir siendo productivos en el mundo.

El hábito

Amamos la ley del mínimo esfuerzo. Y demostramos ese amor en los pequeños detalles: preferimos estirarnos al máximo para alcanzar el control remoto en vez de levantarnos y dar unos pasos para recogerlo; llegamos a una plaza comercial y rondamos como buitres los lugares de estacionamiento más cercanos a la puerta en vez de caminar y llegar más rápido.

¿Cómo romper ese hábito tan enraizado de hacer lo menos posible? Déjame compartir contigo algunas ideas.

— Un ejercicio que te guste. Lo que haces por placer se hace más y mejor que lo hecho por manda. Elige como si escogieras un pasatiempo, no un deber.
— Hazlo en equipo. No sólo será más divertido, también con la ayuda de tu círculo de amigos formarás una caja de resonancia llena de ecos positivos que reforzarán tu compromiso.
— Propósito a propósito. No somos buenos para atender tantas actividades a la vez. Cuando acometas tu objetivo de crear un buen hábito de ejercicio, dedícate a consolidar eso y sólo eso al menos por un tiempo.
— No te quedes quieto. Sé consistente. El sedentarismo es más cruel con los que lo consienten por largas temporadas. Además de adoptar una rutina fija, también infiltra uno que otro ejercicio durante tus horas pasivas en la

oficina. Por lo menos, camina cinco minutos entre hora y hora laboral.

— Diversifica. Como vimos, diferentes acciones producen diferentes resultados. Trata de dedicarle un tiempo a cada tipo de ejercicio: aeróbico, de fuerza, de flexibilidad...

Pero esto debería bastar para resolver la encrucijada: Entre tu *yo* sedentario, ése que es exasperado, débil, torpe, con las horas más contadas, y tu *yo* deportista, el más delgado, joven, feliz e inteligente, ¿quién merece recibir el triunfo?, ¿se lo darás por decisión unánime? Y no hagas trampa postergando esta pregunta: la indecisión también es una decisión, ¡aguas!

12

SI DUERMES BIEN, TU ACTITUD Y FELICIDAD SERÁN MAYORES

– **Estoy de acuerdo con lo que me dices papá, pero por más que quiero dormir más, ¡no puedo! Me quedo viendo la tercera temporada y ya que me quiero dormir, pongo otro capítulo y luego reviso mi Facebook antes de dormir —me dijo mi hijo.**

—César, tienes que dormir diariamente más de 8 horas por tu edad.

—¿Qué?, ¡8 horas! Sólo los domingos —me dijo. Tú sabes que me levanto ese día tarde y duermo como 10 horas y ahí me recupero.

¿En serio se recupera? Estoy seguro que no.

He visto que cuando mi hijo duerme menos de 5 horas está más irritable y desconcentrado de lo que debe estar.

No sólo lo veo en él, lo he visto en mí, pues cuando estoy desvelado me pongo más irritable y mi nivel de tolerancia disminuye.

Durante varios años fui sumamente metódico y no importaba la hora a la que me dormía porque siempre me levantaba a las 5:45 A.M. para irme al gimnasio que estaba cerca de mi casa.

"Todo sea por la salud" me repetía cuando me levantaba después de haber llegado muy tarde a mi ciudad por los típicos retrasos de vuelos y despertaba somnoliento, cansado y con la sensación de no haber dormido nada o como si las 4 horas de sueño hubieran sido sólo 20 minutos.

Ahora que pasó el tiempo y tengo conocimiento de todas las investigaciones que te compartiré, descubrí que levantarme a hacer ejercicio nada tenía que ver con mi salud.

En mi afán de mantenerme delgado y en forma —por no decir buenón— descubrí que no bajaba de peso, al contrario, ¡subía de peso! Mi esposa —nutrióloga— me decía que era porque estaba desarrollando músculo y sinceramente al verme en el espejo no veía más de 5 kilos de músculo adicional en mi cuerpo.

El conocimiento da seguridad y modifica hábitos. Gracias a mi programa de radio he podido conocer a especialistas de primer nivel en diferentes áreas que me han sorprendido con información relevante y actualizada.

Ahí descubrí la razón de mi ligero sobrepeso a pesar del ejercicio diario que realizaba.

No dormir mínimo las 7 horas recomendadas para mi edad, hace que el cuerpo no realice todas las funciones de desintoxicación y descanso necesario. Además, el andar cansado y somnoliento durante el día, el cuerpo lo interpreta como falta de energía y como sabes, el cuerpo es sabio y pide energía, generalmente comida con azúcar que se supone necesita, cuando lo que realmente requiere son horas de sueño. ¿No te parece lógico?

Ahora entiendo porque mi querido México es un país de desvelados y por eso tiene el primer lugar en obesidad en el mundo.

No quiere decir que toda la gente obesa que vemos no duerma el tiempo recomendado, pero sí puedo afirmar que la gran mayoría tendrá relación con esto.

Don Ricardo, es un hombre apasionado de las reglas gramaticales. Sabe cómo decir las cosas de manera correcta y utilizar el vocabulario lo más cercano a la perfección. Ha escrito múltiples libros sobre el tema y además es un hombre admirable por su inteligencia y su gran corazón. No deja de sorprenderme la cantidad de libros que ha escrito en los últimos 15 años y por lo que veo hay años en los que publica hasta dos libros, además de sus intervenciones en programas de televisión y sus múltiples publicaciones en uno de los principales diarios de México.

Al preguntarle a qué hora lo hace, me contestó que durante la noche. Que su cuerpo ya se acostumbró a dormir muy pocas horas, dos o tres cuando mucho.

Esto va en contra de muchas teorías que dicen que la capacidad de asociación de ideas y la inteligencia son directamente proporcionales a la capacidad de descanso.

Don Ricardo es un hombre afable, inteligente, con una plática amena y divertida. No veo en él estragos relacionados por el mal dormir y estoy convencido que, como en todo, puede ser un caso aislado y no por eso quiere decir que todos podríamos ser como él.

Una de esas excepciones que asombrarían a cualquier especialista en sueño.

Recomiendo que antes de imitar a este gran escritor, leas las sorprendentes investigaciones que a continuación he preparado especialmente para ti.

Te puedo asegurar que si duermes poco, harás el esfuerzo por dormir más, ya que en un mundo en el que el tiempo es el recurso más escaso, el sueño es el principal candidato al sacrificio. Muy mal hemos convertido el déficit de horas en déficit de sueño y el grave problema está en los daños colaterales que sufre nuestra calidad de vida. Como diría mi abuela: "Nos puede salir más caro el caldo que las albóndigas."

Según una encuesta de la Fundación Nacional del Sueño, en Estados Unidos, menos de la mitad de los canadienses, estadounidenses y mexicanos reportan dormir bien durante todas o casi todas las noches de los días laborales.

EL PATRÓN SE REPITE EN TODAS LAS EDADES EN NUESTRO PAÍS. "ALREDEDOR DEL MUNDO, LOS NIÑOS MEXICANOS SON LOS QUE MENOS DUERMEN. CONFORME A ENCUESTAS REALIZADAS EN LA UNIVERSIDAD AUTÓNOMA METROPOLITANA, UNIDAD IZTAPALAPA, SE DEMOSTRÓ QUE LOS INFANTES EN MÉXICO DUERMEN HASTA TRES HORAS MENOS EN PROMEDIO DE LO QUE DEBERÍAN", DECLARA YOALY ARANA LECHUGA, MIEMBRO DEL SISTEMA NACIONAL DE INVESTIGADORES DEL CONACYT.

¿Cuáles son los perjuicios de hacerle el feo a la almohada? Privarse del sueño de forma crónica, según el doctor Gary Zammit, del Hospital St. Luke's Roosevelt, en Nueva York, se asocia con todo esto: déficit de atención, concentración y memoria; afectaciones en el funcionamiento ocupacional, mala calidad de vida, incremento en el riesgo de accidentes o lesiones, y desórdenes psiquiátricos como depresión y ansiedad.

¿Le seguimos? La División de Medicina del Sueño de la Universidad de Harvard le añade leña al fuego: la falta de sueño se asocia con enfermedades del corazón, hipertensión, diabetes, obesidad, el agravamiento de afecciones crónicas y la debilitación del sistema inmune. Tras revisar múltiples estudios epidemiológicos concluye que dormir menos de cinco horas por noche incrementa 15% el riesgo de mortalidad por cualquier causa.

Bien entendidas las consecuencias físicas enfoquemos ahora las baterías sobre las formas en que la falta de sueño impacta nuestra mentalidad y estado de ánimo.

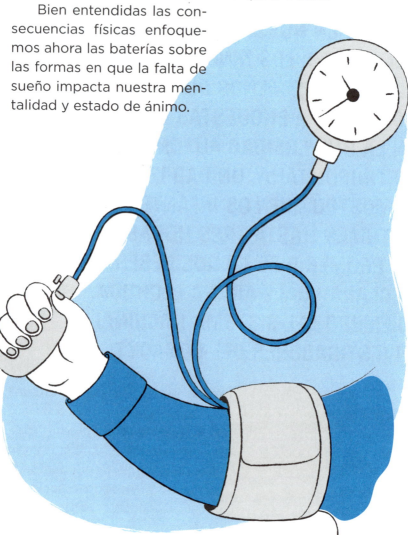

Los costos psicológicos del mal dormir

En un estudio de *Gallup-Healthways* hallaron que quienes duermen ocho horas reportan un mejor promedio de bienestar, con 65.7 por cada 100 encuestados. A partir de ahí, a menor cantidad de horas menor bienestar: 64.2 para quienes reportan siete horas y 59.4 para los de seis, etcétera.

Pongamos esto en perspectiva. La famosa escritora Arianna Huffington destaca un estudio del psicólogo Norbert Schwarz para comparar algo aparentemente tan básico como el sueño con algo que dotamos de tanto peso en nuestra felicidad: el dinero. "Aumentar 60 000 dólares a nuestro ingreso anual tiene un menor efecto en tu felicidad diaria que sumar una hora más de sueño cada noche", dice Schwarz. A veces se nos olvida que el descanso es una necesidad básica y que el dinero extra suele destinarse a una necesidad secundaria (por no decirle capricho a eso de irse de *shopping*).

Pero la falta de sueño no sólo destrona a la felicidad; también designa a las emociones negativas como las herederas del trono. Investigadores de la Universidad de California, en Berkeley, sometieron a un grupo de voluntarios a quedarse sin dormir durante 35 horas seguidas; luego les proyectaron 100 imágenes —empezando con fotografías neutrales y terminando con otras muy negativas— mientras medían su actividad cerebral. Los resultados asombraron a los científicos: "Se tornaron 60% más reactivos a los estímulos emocionales negativos. Es un incremento inmenso. Tal parece que las partes emocionales del cerebro pierden el control", dice en entrevista el encargado del estudio, Matthew Walker.

En pocas palabras, privarnos del sueño nos acerca más a nuestra naturaleza animal y nos aleja de la esencia que consideramos más humana. Dejamos de usar la cabeza y empezamos a usar más las vísceras. Supongo que no es en vano que en las caricaturas veamos cómo las personas iracundas suelen tener grandes bolsas colgando de sus ojos.

El insomnio también es antisocial. En la Universidad de Berkeley relatan que privarnos de las "horas almohada" suficientes afecta negativamente las hormonas y partes del cerebro que nos ayudan a captar la información del exterior y procesar las señales emocionales y sociales que intercambiamos en nuestras interacciones con los demás. Por lo tanto, se ven nublados aspectos como el juicio moral, la toma de decisiones, trabajo en equipo y en cambio tendemos a exacerbar los sentimientos negativos y a comportarnos de forma impulsiva con el resto.

Por supuesto, esto luego afecta nuestra vida romántica. Un estudio de la Universidad de Berkeley revela la conexión entre una noche de poco descanso y la armonía en las relaciones amorosas. En un primer experimento, los científicos recabaron declaraciones de 78 jóvenes adultos quienes, tras dos semanas de estudio, anunciaron haber encontrado más motivos de discordia con sus parejas al discutir el día posterior a una noche de sueño escaso. En otro, 71 parejas informaron qué tan bien durmieron la noche anterior; posteriormente, los participantes fueron grabados en un laboratorio mientras discutían con sus seres queridos sobre algún asunto causal de conflicto. Tanto aquellos que durmieron mal, como sus parejas reportaron haber sentido más negatividad durante la discusión.

El buen sueño se consigue con hábitos

Así como existe la higiene de cuerpo, dientes y hasta de postura cervical, también existe la higiene del sueño. Es la suma de los hábitos que adoptamos para cultivar una base de descanso que favorezca nuestro funcionamiento cotidiano. En el día, nosotros debemos ser el sujeto de la oración: somos los que habremos de aspirar a perseguir nuestros sueños con enjundia; no que ellos nos persigan con letargos y bostezos. La buena higiene del sueño es nuestra mejor aliada para mantener este orden. A continuación comparto contigo algunos consejos para lograrlo.

— **Sin caer en los extremos.** Daniel Kripke, codirector de Investigación en la Clínica del Sueño Scripps de La Jolla, en California, dice que los estudios revelan que los adultos que duermen entre 6.5 y 7.5 horas diarias suelen tener vidas más largas que quienes lo hacen más o menos que eso. "El riesgo asociado con dormir mucho o dormir poco es similar. La gran sorpresa es que el sueño largo parece empezar en la hora 8. Dormir 8.5 horas podría ser un poco peor que dormir 5 en realidad", afirma Kripke.

— **Duerme siempre donde mismo.** ¿Habías escuchado que algunos animales, como ciertas aves y los delfines, duermen "a medias"? Es decir, ¿que un hemisferio de su cerebro duerme mientras que el otro se mantiene en vigilia para salir a respirar (en el caso de los delfines) o seguir con su vuelo migratorio (en el caso de las aves)? Pues, según un estudio de la Universidad de Brown, lo mismo ocurre con nuestro cerebro cuando dormimos en un lugar nuevo, como una habitación de hotel. Durante la fase de sueño profundo, los investigadores detectaron actividad de vigilia en uno de los hemisferios a la que le adjudican un estado de alerta al peligro que ese nuevo entorno puede presentar. En otras palabras, aquello de dormir con "un ojo al gato y otro al garabato" sí existe en ciertos contextos y esto no nos permite descansar con entereza. Imagina entonces los que viajamos mucho, ¿qué calidad de sueño tenemos? ¿O será que nos acostumbramos?

— **Tu cama es un santuario.** En la cama sólo dos cosas: dormir y... ya sabes, pero nada de televisor u otros inoportunos interruptores de ese par de placeres de la vida. El humano es un animal de asociaciones: observa, relaciona y crea patrones. Si logras lo que te digo, el puro hecho de acostarte te pondrá en el humor de realizar ese par de actividades (por cierto, la segunda también ayuda a la primera, así que no hay pérdida).

— **Juego de luces.** Todos tenemos un mecanismo biológico que nos ayuda a regular cuándo dormir y cuándo despertar cada día. Se llama reloj circadiano. Según datos de la Universidad de California, en Los Ángeles, la luz juega el papel principal en programar este reloj. Esto cobra más sentido si consideramos la vida de nuestros antepasados, que dormían con la noche y despertaban con los primeros rayos del sol. Por lo mismo, para concebir el sueño es mejor no exponerse a radiación de luz por la noche y sí tomar un baño de sol cuando empieza el día. De esta forma le damos más y mejor información a nuestro reloj y nos habituamos a ciclos más estables de sueño. Por lo mismo, presta mucha atención al siguiente punto.

— **Fuera aparatos.** Un artículo de *The Atlantic* hace una serie de estudios para revisar los efectos del uso de dispositivos móviles en nuestro sueño. En resumen: los celulares y computadoras modernas emiten todo el espectro de luz visible, incluida la azul, que inhibe la producción de melatonina, la hormona que induce la necesidad de dormir. También disminuyen la cantidad de sueño profundo, causan la tentación de revisarlos constantemente y emiten alertas auditivas que nos despiertan. La recomendación es despegarse de las pantallas un par de horas antes de dormir. Si por alguna razón te es de vida o muerte quedarte pegado a ellos, te recomiendo descargar aplicaciones como f.lux, que sirven para sustraer el azul del espectro de luz emitido por los dispositivos.

— **Inhala lo pacífico, exhala lo estimulante.** Conforme avanza la noche debemos empezar una transición a estados mentales plácidos que nos lleven en brazos a la cama. Desde el Instituto Nacional de la Salud Mental y las Neurociencias de Bangalore, en la India, nos dan consejos para reforzar esta táctica: ya que estés en la cama, evita los pensamientos causantes de agitación mental o emocional: problemas, sucesos emocionantes, eventos por venir que provoquen ansiedad, etcétera, pon tu atención en sonidos sutiles como el tráfico distante o la naturaleza a tu alrededor; visualízate en un escenario pacífico; enfócate en el aire transitando desde y hacia tus pulmones; relaja tu cuerpo de forma progresiva, parte por parte, de los pies a la cabeza.

— **Desnuda tu mente de problemas.** La clásica "no duermas enojado con tu pareja" ya se nos quedó corta. Le debemos una enmienda. Según la ciencia ésta hace más justicia al descanso: "No duermas enojado con nada ni con nadie, nunca." En un estudio científico publicado en la prestigiosa revista *Nature,* investigadores descubrieron que dormir luego de una experiencia adversa reorganiza las formas en que las memorias negativas se almacenan en nuestro cerebro, de modo que se nos complica suprimirlas en el futuro. Provoca que se solidifiquen.

— **Para tu siesta, sólo cuenta hasta 10.** Está comprobado que las siestas exprés, en inglés llamadas *power naps,* nos ayudan a revitalizar los ánimos y la concentración. Tan es así que compañías como Google, Apple y Nike disponen áreas especiales para que sus empleados puedan recargarse de cara a la segunda mitad del día laboral. Amber Brooks, investigadora de la Universidad de Flinders, en Australia, se propuso determinar la medida dorada de la siesta por medio de un experimento en el que, tras una noche de sólo 5 horas de sueño, ordenó dormir a los distintos participantes 5, 10, 20 o 30 minutos a las 3:00 de la tarde. El desenlace: la siesta de 10 minutos produjo mejoras inmediatas en todas las mediciones (tales como recuperación, nivel de somnolencia, vigor y desempeño mental), y muchas de ellas se sostuvieron por periodos de hasta 155 minutos, ése era el ideal.

Te comparto la siguiente tabla para que sepas cuánto es lo que se requiere de sueño según tu edad o la de los miembros de tu familia, ¡a dormir se ha dicho!

Horas nocturnas promedio que se deben dormir	
Edad /	Horas
0 a 12 meses	10.5 a 18
1 año	14
3 años	13
5 a 12 años	9 a 11
13 a 17 años	8 a 9
Adultos	7 a 8

Dormir no es un lujo. Es uno de los pilares principales que sostienen tu bienestar físico, mental y emocional. A los que dicen "ya habrá tiempo de descansar en la tumba", yo se las volteo: "Ya habrá tiempo para seguir cansándote en la vida; el trabajo nunca se acaba." Nos debemos la pregunta ¿a dónde vamos tan rápido que no nos damos la oportunidad de un respiro? Un respiro que además nos permitiría volver a acelerar no sólo más rápido, sino más seguro.

13

EL ÉXITO ES
1) INSPIRACIÓN 2) TRANSPIRACIÓN
3) TODAS LAS ANTERIORES

L **as piedras preciosas no llegan a los aparadores por generación espontánea. Además de los años que tarda la naturaleza en producirlas, su belleza logra su máxima expresión gracias a los procesos de refinamiento: tallado, corte, coloración, impregnación, irradiación, etcétera.**

Sucede igual con las personas y con las ideas. Todas parten de un punto que es diferente para cada una: hay personas inteligentes, otras son creativas, algunas más son pasionales. ¿Pero de qué depende que lleven su techo a la mayor altura posible?

Me salta a la mente el testimonio que alguna vez leí de una persona superdotada. Como de niño nunca tuvo problemas para librar los escollos de la escuela, aceptaba haberse vuelto "flojo" pues nunca necesitó ejercitar el músculo del esfuerzo. Le bastaba andar a medio gas para aprobar todas sus asignaturas. Esto hizo que a la larga se hundiera en la mediocridad. Se conformó con una profesión que no era propicia para el despliegue de todo su potencial.

Así que ¿qué es de una persona con privilegios genéticos si no los pule?, ¿o qué es de una gran idea si se duerme en la teoría y no despierta en la práctica?

El éxito es un verbo, no un sustantivo

El eterno debate es si una persona exitosa nace o se hace; si la ventaja congénita es suficiente o si en el camino se alcanza el triunfo. Una cosa es cierta: si el virtuoso por naturaleza no pule y encamina su talento, su potencial quedará desperdiciado como diamante en bruto.

Un verbo implica acción, movimiento. Un sustantivo es estático, inmóvil. Cualesquiera que sean las ventajas o desventajas al comienzo de la carrera de la vida, la noción de éxito merece la categoría de verbo, pues de nada sirve tener trazados los caminos si no se recorren con todo y sus obstáculos con posibles desviaciones.

Así parece comprobarlo la ciencia. Carol Dweck, profesora de la Universidad de Stanford, es experta en el tema. En uno de sus estudios, por ejemplo, aplicó pruebas de coeficiente intelectual a niños de quinto grado. Luego de revisarlas, dividió a los estudiantes en grupos para darles una retroalimentación: a algunos los felicitó por el esfuerzo (les dijo: "seguro trabajaste muy duro para lograrlo") y a otros por su inteligencia ("seguramente eres muy listo").

Luego, les aplicaron otras pruebas similares y el resultado fue sorprendente: aquellos que fueron alabados por su esfuerzo en el primer examen, mejoraron sus calificaciones cerca de 30%, y quienes recibieron felicitaciones por su inteligencia empeoraron 20%, aproximadamente.

La investigadora ha descubierto que el elogio al talento o a la inteligencia crea hijos con menos motivación por aprender. Incluso rehúyen los retos y son menos resilientes a las dificultades de la vida.

La clave está en enfocarse en el proceso: "Cuando los niños son elogiados por el proceso en el que participan —su trabajo duro, sus estrategias, su enfoque, su persistencia— entonces mantienen su motivación por el aprendizaje. Son más propensos a tomar retos y a crecer frente a las dificultades", declara Dweck, quien también lo resume de esta manera: plantemos en nuestros hijos una mentalidad de crecimiento, no una mentalidad fija.

Angela Duckworth, investigadora de la Universidad de Pensilvania, autora del libro: *Grit: el poder de la pasión y la perseverancia,* usa la palabra *grit,* que engloba características como la determinación, el coraje y las agallas. Duckworth ha investigado por años esta actitud y la destaca como uno de los principales precursores para el éxito, por encima de otros como el coeficiente intelectual, las calificaciones en los exámenes de admisión y hasta la condición física. La define como la tendencia de mantener interés y esfuerzo hacia metas de largo plazo.

Para desarrollar esta determinación se requiere encontrar y profundizar en una pasión lo suficiente como para cultivar las energías que nos permitan seguir, sin importar los obstáculos en el camino. Esta fuerza de voluntad y de resiliencia es la gasolina que nos lleva al éxito. Asimismo, la investigadora recomienda un estilo de crianza que sea tan demandante como asistente; que exija mucho, pero que respalde igual.

"Si los padres son cálidos y amorosos, los niños tienden a sentirse amados. El respeto, o lo que la literatura de crianza llama *apoyo a la autonomía,* también es esencial. Es cuando los padres permiten a sus hijos tomar sus propias decisiones en cuanto sean capaces de hacerlo", concluye Duckworth.

Es un caso similar al de la tortuga y la liebre. Por más genio que sea tu hijo, si "se tira a la hamaca", será rebasado por los que siguen caminando y viendo con firmeza lo que tienen por delante. Por eso, impulsemos en nuestros hijos y seres queridos el hambre de éxito, el aprendizaje y ¡la actitud positiva!

¿El triunfador nace o se hace?

Anthony Tjan Heart escribió para la editorial de Harvard Business Review el libro *Heart, Smarts, Guts, and Luck.* Como su título lo dice en inglés, trata sobre el corazón, la inteligencia, las agallas y la suerte en el mundo de los negocios. Una pregunta fundamental que se formula es si un emprendedor nace o se hace; es decir, si estas características sólo vienen precargadas o si las podemos instalar con el tiempo.

Tjan descubrió que el corazón —es decir, la pasión y el propósito— es el rasgo más fuerte e importante entre los emprendedores entrevistados, y aunque éste depende mucho de la genética, el acto de seguirlo es una decisión voluntaria. En otras palabras, una cosa es lo que sentimos y otra si somos lo suficientemente valientes para seguirlo.

Por lo tanto, las agallas son declaradas por el autor como la barrera más común para lograr el éxito. Si bien muchos guardamos algo valioso en el corazón, no sirve de nada si no superamos nuestros miedos y nos atrevemos a ejecutarlo.

La buena noticia es que podemos cultivar nuestras agallas con el tiempo y la práctica. El autor destaca tres factores importantes que posibilitan ese desarrollo:

— Tener experiencias en la infancia: 80% los emprendedores que se declararon altos en "agallas" exploraron algún tipo de negocio en edad temprana, lo que hizo más gruesa su piel.

— Prepararse para situaciones de riesgo: la mayoría también creyó importante estudiar y anticipar las formas de enfrentar el riesgo, lo que ayuda a mitigarlo al enfrentar situaciones reales.

— Conseguir el respaldo de otros colegas y compartir responsabilidad con ellos: es más fácil aventurarse a saltar a terrenos desconocidos sabedores de que tenemos una red de seguridad que puede evitar o amortiguar el golpe.

Así nos ayudamos en razón de dos sabidurías: la de los libros y la de la calle. Con la primera montamos guardia intelectual y con la segunda aprendemos el oficio en el mundo real y de paso nos hacemos de importantes aliados.

Las lesiones son lecciones

Los ingenuos pensarán que el éxito es NO haber fracasado; los moderados tratarán de corregirlos diciendo que se logra A PESAR del fracaso, pero los más sensatos arribarán a la mejor conclusión: se llega GRACIAS al fracaso.

Tenemos una versión romántica e idealizada del triunfador. Esto quizá sea porque no lo acompañamos cuando derramó sangre, sudor y lágrimas antes de llegar a su meta. El fracaso es invariablemente parte del camino. No hay nadie que haya llegado al triunfo sin haber azotado contra el piso en repetidas ocasiones y haberse roto una que otra expectativa.

Decía el escritor Zig Ziglar que lo que cuenta no es lo pronunciado de la caída sino la altura del rebote. En el terreno de la acción, podemos pensar esto como en física: entre más caiga algo, más alto rebota; entre más escandaloso el fracaso, más en evidencia quedarán los errores que lo produjeron, y esto, a su vez, facilitará el aprendizaje práctico.

Pero es en la dimensión de la reacción donde el verdadero fracaso puede gestarse. Tenemos pavor a fracasar por varias razones. Por un lado, es un golpe a nuestra autoestima sólo si nos convencemos de que este resultado nos define, es decir que este fracaso significa que somos unos fracasados. Por otro, también le tememos mucho a quedar en ridículo ante los demás. Ambas reacciones dan lugar a dos terribles sentimientos que nos pueden forzar a rendirnos: culpa —con nosotros— y vergüenza —con los demás.

Así que la frase de Ziglar tiene dos implicaciones para el fracaso: nos vuelve más sabios para hacerlo mejor y nos curte el corazón para seguir intentándolo. ¡Zas!

Independientemente de que nos tomaremos varias cucharadas de medicina amarga por nuestra cuenta, ahora echemos un vistazo para aprender de los errores de los que ya llevan camino andado.

Investigadores del Tecnológico de Monterrey, en conjunto con el Instituto del Fracaso, publicaron *El libro del fracaso,* para explorar las estadísticas del fracaso y las razones que hay detrás de él.

El libro da dos noticias: ¿la buena? En México, 75% de las nuevas empresas cierra tras sólo dos años de operación —para que veas qué común es el fracaso—; ¿la buena? Entre 2009 y 2012, por cada 100 negocios existentes, cerca de 22 cerraron y 28 iniciaron actividades —hay más gente intentándolo que abandonándolo, ¿ves? Viéndolo así, no hay noticia mala.

Para determinar los factores mentales detrás de los fallos de los empresarios en sus compañías, los investigadores también usaron en su encuesta los rasgos de personalidad de la teoría conocida como "los cinco grandes" (investigadores de la Universdad de Illinois y la Escuela de Negocios de Melbourn, han realizado estudios basados tambien en esta teoría, conocida además con el nombre de la teoría de los rasgos). Los encuestados se identificaron mucho más con dos rasgos. 74% de los fundadores que fracasaron contestó "apertura a nuevas experiencias", así que casi tres cuartos de la muestra buscaba nuevas experiencias. La segunda característica dominante fue "cuidadoso/concienzudo", con un 47% de las menciones, lo que significa que, aunque presuntamente se autocontrolaban y planeaban, no les era suficiente.

Sobre las razones técnicas que intervinieron en el cierre de sus empresas, las respuestas se eligieron en este orden: ingresos insuficientes para subsistir (65%), falta de indicadores (48%), falta de proceso de análisis (44%), planeación deficiente (44%), problemas en la ejecución (43%).

Si bien es cierto que ser de mente abierta facilita la incursión en los negocios, eso no parece ser garantía de su permanencia. Por otro lado, aunque la segunda respuesta con más menciones en los rasgos de personalidad haya sido ser cuidadoso, curiosamente abundan en los primeros lugares aquellas razones de negocios que aparentan desatención al detalle como falta de indicadores, análisis y mala planeación.

Ni muy muy ni tan tan

Para triunfar en grande hay que arriesgar y para arriesgar hay que ser optimista. Mientras que el negativo es conservador porque ni siquiera lo cree factible, el que piensa positivo es aventurado porque siente que todo lo puede y eso... no siempre acaba bien.

Brett Simmons, profesor de la Escuela de Negocios de la Universidad de Nevada, cita un estudio que concluye que el optimismo es como todo: debemos tomarlo con medida. Luego de analizar la experiencia de 207 emprendedores, los investigadores encontraron una asociación negativa entre su optimismo y el desempeño de su nuevo negocio. Además, esta relación negativa era más fuerte cuando los empresarios ya habían fundado otras compañías.

Esto nos deja dos aprendizajes:

— Tenemos que compensar nuestro optimismo con una dosis de realismo que prevenga que nos entreguemos al exceso de confianza.
— Los triunfos del pasado no necesariamente garantizan los del futuro. El historial de éxito personal puede exacerbar nuestro optimismo y hacernos olvidar que los frutos que hemos cosechado antes tienen características únicas que los propiciaron.

La actitud positiva es importantísima, claro, pero no lo es todo. Es la chispa que arranca y acelera nuestros proyectos, pero requiere de muchos aliados para extender su expectativa de vida, ¡aguas!

¿Se nos puede ir el tren?

Últimamente creemos que, en los negocios o en las artes, empezar tarde es como no empezar nunca. ¿Por qué? Quizá porque asociamos la flor de la juventud con la vitalidad y el hambre de triunfo, o porque es justo a esa edad cuando se pueden tomar riesgos fuertes antes de sentar cabeza.

También sucede porque nos apantallan las grandes empresas de nuestro tiempo: las tecnológicas fundadas por jóvenes brillantes como Steve Jobs y Bill Gates que la hicieron en grande antes de los 30.

Pero no adelantes conclusiones. Vivek Wadhwa, profesor de las universidades de Stanford y Duke, realizó en 2009 una investigación que desmiente que el éxito sea perecedero a cierta edad.

Según su estudio, la edad promedio de un emprendedor exitoso en industrias de alto crecimiento como la tecnología, la medicina y la aeronáutica es de 40 años. Además, la cantidad de empresarios triunfadores mayores de 50 duplica a los menores de 25. De forma similar, los de arriba de 60 son el doble que los de abajo. Por último, la gran mayoría —75%— cargaba un bagaje de seis años de experiencia en su industria al momento de originar su compañía.

Wadhwa concluye: "Las ideas provienen de una necesidad; entender la necesidad viene de la experiencia; y la experiencia llega con la edad."

Así que los empresarios también pueden añejarse bien en las barricas del tiempo. Y vaya que también en industrias como la tecnológica porque, así como existen los niños prodigio de Microsoft y Apple, también podemos voltear a

Intel: la empresa líder en procesadores fundada por Robert Noyce cuando tenía 40.

Pero hay ejemplos más extremos tanto por la edad de sus creadores como por el tamaño de su éxito: Ray Kroc arrancó el modelo de franquicias de McDonald's a los 52, John Pemberton emprendió Coca-Cola a los 55 y el famoso coronel David Sanders consiguió despegar Kentucky Fried Chicken a los 65.

Lo que los emprendedores exitosos comparten

Investigadores de las universidades de Rensselaer y Georgia hicieron un recuento de los atributos de los empresarios exitosos en la literatura científica. Destacan cuatro: capacidad de hallar y reconocer oportunidades, perseverancia, habilidades sociales y autoeficacia —la capacidad de organizar y ejecutar acciones para producir resultados.

La revista *Forbes* quiso ahondar en el asunto y realizó su propio estudio entre 2 631 fundadores de empresas con más de un millón de dólares de ganancias anuales. Las menciones más populares de entre las 23 opciones de la encuesta fueron visión (elegida por 61%), ética de trabajo (45%), resiliencia (41%), positividad (35%) y pasión (34%).

SI BIEN TODOS PARTIMOS DE LOS PREMIOS PARTICULARES QUE LA LOTERÍA GENÉTICA NOS DIO, EL ÉXITO SIGUE TENIENDO UN COMPONENTE MAYOR DE ACTITUD, DE TOMAR LA DECISIÓN, EXPLOTAR LAS CARACTERÍSTICAS DIFERENCIADORAS QUE NOS DAN VENTAJA FRENTE A LOS DEMÁS.

¿Muy joven? Aprovecha tu ímpetu y el "nada que perder, mucho que ganar". ¿Ya mayor? Dale a tu experiencia y a tu sabiduría un buen uso. ¿Nuevo en esto? Sujétate de tu inocencia para atreverte y ver las cosas desde "fuera de la caja" ¿Ya con varios fracasos a cuestas? Ya recorriste los muchos caminos en falso y restan menos por explorar para encontrar el verdadero.

En este apartado aparecieron palabras poderosas y resonantes: agallas, actitud, resiliencia, perseverancia, pasión, trabajo, etcétera. En efecto, el éxito no es un facilote. Ganárselo es incitarlo con decisión y un carácter inquebrantable.

Muchos nos quedamos aguardando toda una vida, cuando en realidad es ella la que se encuentra en espera de que nosotros tengamos la iniciativa para alcanzar el triunfo. Bien decía Picasso: "Cuando llegue la inspiración, que me encuentre trabajando."

ADICTO AL TRABAJO, ¿YO?

Por supuesto que no se trata de redimir mis penas o aminorar cierto tipo de arrepentimiento, pero la respuesta que doy a quienes me cuestionan el porqué de tantos viajes o por qué trabajo tanto siempre les digo: "Me encanta mi trabajo. Disfruto inmensamente presentarme en tantas ciudades con tanta gente diferente y, por supuesto, también amo trabajar en la radio, llevo más de 10 años consecutivos transmitiendo un programa diario con temas totalmente diferentes y entretenidos, lo cual no es nada fácil, pero la emoción que siento es indescriptible para mí."

Alguien en alguna ocasión me dijo que trabajar en la radio se puede convertir en adictivo; una vez que inicias y le encuentras significado es difícil dejarlo. Eso me ha sucedido. Escribir un libro es una verdadera terapia para mí, ya que me permite expresar lo que siento; hacer recomendaciones sobre temas cotidianos que le impiden a la gente disfrutar el verdadero placer de vivir e investigar sobre temas que creo que la gente necesita saber. Y ni qué decirte de mi trabajo semanal en la televisión, compartiendo temas diversos en un canal que se transmite en México, Estados Unidos y por medio de televisión por cable en otros países de Sudamérica.

Es enorme la satisfacción al encontrarme a radioescuchas, lectores o televidentes que me comparten que un determinado tema les tocó la vida favorablemente. No lo cambio por nada, en serio.

Sin embargo, trabajar tanto ha sido también motivo de crítica. Amigos que tienen la gran oportunidad de estar mucho tiempo en sus casas, que viajan sólo por motivos de placer, de repente se convierten en jueces implacables juzgando los días que viajo para realizar mi trabajo.

Dentro de los múltiples aprendizajes que he tenido en tantos años de carrera como escritor, conferencista y conductor, tanto de radio como de televisión, uno muy claro es que nunca tendré contenta a toda la gente. Así como hay quienes te admiran por lo que realizas hay quienes te critican. "Nadie es monedita de oro para caerle bien a todos", es prácticamente imposible agradar a todo el mundo.

La escala de valores y principios de cada uno es diferente. La misión que cada uno tenemos y deseamos vivir es diferente, y no podemos ni debemos compararnos con otros, ni decir qué es lo normal o conveniente para ti o para el otro, cada quien elige su camino.

Mi mánager es mi esposa y ella hace todo lo posible para balancear los tiempos de trabajo con los de mi familia, especialmente las fechas o acontecimientos importantes, incluyendo los dos o tres periodos vacacionales que tomamos en familia.

No se trata de dar explicaciones no pedidas, pero quienes por motivos laborales viajan tanto podrán entender la nostalgia que se siente no estar con los seres queridos y aceptar que es el estilo de vida que decidimos tener.

Hay quienes adjudican a la suerte el éxito laboral y nada tiene que ver con la felicidad, ya que hay muchísima gente que tiene éxito en su trabajo pero no es feliz. Yo creo que es más la fe, la constancia, la dedicación y la pasión lo que está detrás del tan anhelado éxito laboral.

Para los que creen que es más la suerte, mi amigo René Alcalá dice constantemente que la suerte se reparte entre las 6 y las 6:30 de la mañana y que cada quien tiene lo que quiere o lo que se merece. ¿Será?

Te cuento una historia: voy en el pasillo rumbo al avión. Atrás de mí viene una mujer de aproximadamente 40 años, estatura mediana, pantalón y saco sastre, con una maleta de tamaño regular. Me detengo porque adelante va una persona mayor que batalla para caminar y quien viene tras de mí se me pega como exigiendo que camine rápido. Con una mirada la freno —ya te imaginarás el tipo de mirada—, llego al avión, mi lugar está en la fila 3 y otra vez siento muy cerca su presencia, casi casi pegada a mi cuerpo, lo cual me hace pensar morbosamente, ¿quiere un acercamiento de otro tipo? ¡No! Totalmente descartado al ver su cara de acelere en el rosto. Le digo viéndola a los ojos: "¿Me permite subir mi maleta al compartimiento superior? ¿O quiere pasar primero?" Es cierto, le pregunté con cierta molestia. "No —me dice—, voy a un lado suyo." Y de inmediato pienso: "¡Me lleva...!"

Se sienta, saca de su morral dos celulares, contesta en uno mensajes de texto y en otro se pone a hablar con sabrá Dios quién, despotricando contra alguien más sobre el porqué no se hizo determinado trabajo, luego corta la llamada enojada. Entra otra llamada y da más órdenes de manera despectiva. Cuelga, abre su computadora, escribe algo rápido. La sobrecargo le pide que apague su equipo electrónico y mi compañera de asiento lo hace con molestia.

Al llegar a la altura debida para utilizar equipo de cómputo, abre su laptop, escribe, escribe y escribe con muchos movimientos bruscos y constantes como si no aguantara la comezón en cierta parte. Al aterrizar, lo primero que hace es encender los dos teléfonos y simultáneamente habla y contesta mensajes de manera acelerada.

¿Estará ella en la categoría de adictos al trabajo? ¿Disfrutará su empleo? ¿Esa vida es la que deseo con los años que me quedan? Claro que también tengo mucho trabajo, pero procuro no agobiarme de esa forma.

Mi molestia disminuyó al recordar que el vuelo es de sólo una hora con 15 minutos. Traigo desde hace días una frase que me repito cuando se trata de aguantar infortunios: "El viaje es corto..."

La tomé de una reflexión que me gustó y desconozco al autor pero te la comparto:

Una joven mujer se subió a un autobús y tomó su asiento, en la siguiente parada, una anciana fuerte y gruñona subió y se sentó junto a ella apretándose en el asiento mientras la golpeaba con sus numerosas bolsas.

Al ver que la joven se mantuvo en silencio y sin protestar se molestó, le preguntó por qué no se quejó cuando la golpeó con sus bolsas.

La joven respondió con una sonrisa: "No es necesario ser grosera o discutir sobre algo tan insignificante, el viaje juntos es tan corto. Bajaré en la próxima parada."

Esta respuesta —dice el autor— merece ser escrita en letras de oro. No es necesario discutir sobre algo tan insignificante, nuestro viaje es tan corto.

Si comprendiéramos que nuestro tiempo aquí es tan corto, que oscurecerlo con peleas, argumentos inútiles, celos, no perdonar a los demás... no tiene sentido, entenderíamos también que el descontento y la actitud de averiguación constante es una ridícula pérdida de tiempo y energía.

¿Alguien rompió tu corazón? Tranquilízate, el viaje es muy corto.

¿Alguien te traicionó, intimidó, engañó o humilló? Tranquilízate, perdona, el viaje es muy corto.

¿Alguien te insultó sin razón? Tranquilízate, ignora, el viaje es muy corto.

Cualesquiera que sean los problemas que alguien nos traiga, recordemos que nuestro viaje juntos es corto. Nadie sabe la duración de este viaje. Nadie sabe cuándo llegará a su destino. Nuestro viaje juntos es muy corto.

Vamos a apreciar a amigos y familiares. Seamos respetuosos, amables y perdonémonos el uno al otro. Vivamos llenos de gratitud y alegría. Después de todo, ¡nuestro viaje juntos es muy corto!

Gran parte del estrés que existe laboralmente no se debe sólo al trabajo en sí, sino con quién trabajas; la gente se estresa, y más cuando viven a un ritmo diferente al tuyo o al que el mismo trabajo exige.

No creo estar en la categoría de *workaholics* o adictos al trabajo porque no siento ningún remordimiento en los periodos que no trabajo, aunque sí considero que constantemente estoy buscando nuevas cosas por hacer.

Me sometí a las investigaciones que a continuación te comparto y llegué a mis propias conclusiones. Lo mismo te pido por si acaso crees que el exceso de trabajo está causando estragos en tu nivel de felicidad.

El ABC de la rehabilitación para workaholics

Los japoneses trabajan tanto que hasta han creado la palabra *karoshi,* que significa "muerte por sobrecarga de trabajo". En este país oriental, donde los turnos se pueden extender a 15 horas, se estiman cifras de hasta 10 000 muertes al año relacionadas con este fenómeno.

También tienen en su vocabulario *inemuri,* un término que comunica una característica muy particular de su cultura: dormir en público, incluso en el trabajo, no es mal visto; al contrario, transmite un sentido de cumplir con el deber, estar presente... aunque dormido.

Cuando en nuestra sociedad una siesta podría derivar en una amonestación del jefe, el *inemuri* es común en muchas empresas japonesas. Tampoco tienen mucha alternativa: Japón es el país que menos duerme en noches de jornada laboral —apenas seis horas y 22 minutos en promedio.

¿Te parece un caso muy extremo y lejano? En realidad, los informes de la OCDE revelan que México es el país que más horas trabaja (2 246 al año), seguido de cerca por otras naciones latinoamericanas como Costa Rica y Chile. Según datos de la UNAM, 85% de las empresas mexicanas premia los comportamientos relacionados con la adicción laboral y 35% de los profesionales del país la padece; 65% de los empleados tiene turnos de entre 10 y 12 horas al día.

Así que no sólo en el lejano Oriente confunden el deber con el exceso. Vivimos de cerca el fenómeno en nuestro continente, y le puede pasar a cualquiera, sin distinción de edad, cultura, sexo o nacionalidad.

¿Es realmente una adicción?

Empecemos con una definición simple: somos *workaholics* cuando el trabajo interfiere con nuestra vida personal. Aunque esta acepción lleva implícitos comportamientos anormales y con mucho potencial negativo, los expertos aún se debaten si se debe conceptualizar como una adicción. Lo cierto es que el "workaholismo" genera vaivenes emocionales similares a los de cualquier otra adicción que sí ha sido catalogada como tal: una euforia hormonal que recompensa al inicio pero que a la larga castiga con sentimientos de estrés, remordimiento y ansiedad.

La discusión se complica más porque el trabajo suele asociarse con la virtud. Incluso, algunos se atreven a llamarla una "adicción positiva". Por algo el psicólogo Bryan Robinson lo define de esta manera: "La adicción al trabajo quizá sea el problema de salud mental con mejor disfraz." Es un problema que pasa de largo frente a nuestros ojos y lo hace con mucho disimulo, ¡aguas!

Pero por más que la gente pase por alto esta adicción, el hecho de que se lleve de maravilla con otras afecciones mentales es revelador. En un estudio de las universidades de Nottingham Trent y Yale, investigadores compararon a los *workaholics* con los trabajadores sin adicción para averiguar qué tantos síntomas de desórdenes psiquiátricos tenía cada uno. El porcentaje de adictos al trabajo que cumplía con el perfil de los siguientes desórdenes era casi tres veces mayor que el de los no adictos:

— 32.7% con síntomas de déficit de atención e hiperactividad
— 25.6% con síntomas de comportamiento obsesivo-compulsivo
— 33.8% con síntomas de ansiedad
— 8.9% con síntomas de depresión

Las manifestaciones del *workaholismo* también hacen mella en todas las facetas de nuestra vida. En lo social, se roba el tiempo que deberíamos apartar para nuestra familia y amigos. En lo laboral, genera antagonismos con los compañeros. En lo físico, la carga de estrés y el sedentarismo nos perjudica y nos hace más propensos a morir de forma prematura.

Para acabar pronto, una investigación de la Universidad de Bergen en Noruega tomó estudios sobre el tema en todo el mundo y concluyó que la adicción se asocia con menores niveles de satisfacción laboral, bienestar psicológico, felicidad y percepción de la salud.

Las consecuencias de este mal hábito no le piden nada a las de cualquier adicción reconocida por las ciencias de la psicología. Si ésta no lo es, se asemeja tanto que incluso existe el programa "Workahólicos Anónimos", creado en 1983 y con grupos de ayuda en todo el mundo.

Ocupación vs preocupación

Malissa Clark, de la Universidad de Georgia, condujo un estudio para examinar el fenómeno psicológico detrás de la adicción al trabajo. Los resultados muestran que ser *workaholic* no está relacionado con un mejor desempeño del empleado pero sí con el estrés, el conflicto en el entorno laboral, la mala salud física y el síndrome de *burnout.*

Un pequeño paréntesis: el síndrome de *burnout* —también llamado síndrome de desgaste ocupacional o síndrome del quemado— es la aparición de síntomas como agotamiento, desmotivación y frustración a causa del estrés acumulado por las extensas e intensas horas de trabajo.

El punto es que en el trabajo solemos caer en el juego de las ilusiones, cuando la realidad habla otra lengua. Nos dice que la cantidad no es sinónimo de calidad. No por partirnos el lomo por 12 horas al día haremos un mejor trabajo. Como ni el cuerpo ni el cerebro gozan recursos infinitos, la compulsión laboral parece dar resultados al inicio pero en la carrera larga nos desgasta y afecta justo lo que quiere fomentar: la productividad. Es como si devaluáramos nuestro desempeño y entregáramos mucho menos rendimiento por cada hora trabajada.

Además, la realidad no siempre coincide con nuestro mundo imaginario, nuestros sentimientos, que con frecuencia nos dan informes un tanto disparatados:

— **Fantasía:** nos estresamos porque nos importa nuestro trabajo, coleccionamos horas de trabajo como estampitas porque somos productivos, somos obsesivos y perfeccionistas para brindar un servicio o producto de excelente calidad.
— **Realidad:** el estrés nos consume y nos distrae, la cantidad de horas diluye nuestro esfuerzo y nos merma, el perfeccionismo extremo nos paraliza.
— **Resultado:** sin garantías para la productividad de la empresa en el mundo real; con mucha productividad, pero en nuestro sistema nervioso, con un ejército de alteraciones y manías.

Aquí debemos tomar una postura racional. En este contexto, la racionalidad significa alinear los medios con los fines. Las empresas esperan resultados concretos de nosotros, porque éstas operan en el mundo de la acción. Si traemos los sentimientos negativos —estrés, ansiedad, culpa— a flor de piel, lo más probable es que estemos desperdiciando gran parte de nuestra energía en nuestras reacciones, energía que debería canalizarse en beneficio del proyecto. ¿Qué es lo más racional si queremos ser productivos y conservar nuestro empleo?, ¿acción o reacción?, ¿ocupación o preocupación?

Pero eso no es todo. El *cómo* de la ocupación también importa. Una cosa es identificar que estamos reaccionando negativamente y otra es tomar las acciones específicas para detener la hemorragia. Provoquemos el cambio reflexionando: las empresas nos necesitan productivos todo el año, ¿es racional quemarnos el fusible la primera semana? También requieren entregar en tiempo y forma sus productos o servicios, ¿es racional quedarnos en la parálisis por análisis del perfeccionismo obsesivo?

EN RESUMEN, LOS SENTIMIENTOS NEGATIVOS SON NUBARRONES PARA EL BUEN JUICIO. EN CAMBIO, BUSCAR Y APRECIAR LA VERDAD CREA LAS CONDICIONES PARA DESPEJAR LA MENTE.

Pero ¿por qué trabajamos en primer lugar?

Más allá de los imperativos del mundo laboral, antes que nada debemos alinear nuestras acciones con nuestros propios objetivos y necesidades. Si damos un paso atrás, nos daremos cuenta de que el trabajo es un medio, no un fin. El ruido de la sobreocupación nos ensordece para escuchar la verdad: nuestros deseos más profundos son los de alcanzar bienestar, propósito y felicidad. El trabajo debe estar al servicio de ellos y no al revés.

Volvamos al estudio de la investigadora Malissa Clark, quien descubrió algo que viene bien al tema: el *workaholic* y el empleado comprometido sin adicción extraen la motivación para laborar de fuentes distintas. El diagnóstico: el adicto lo sufre y el empleado comprometido lo goza. Mientras que al primero lo impulsa la compulsión y la culpa, el segundo quiere hacerlo simplemente porque lo disfruta.

Si me permites la redundancia, vamos a cuestionarnos: ¿Cómo ponemos al trabajo a trabajar por nuestra felicidad?

— Disfrutando lo que hacemos: éste debe ser el termómetro para diferenciar entre compromiso y adicción. Si el estrés toma el lugar del gusto cuando trabajas y si la culpa usurpa la tranquilidad en tu tiempo libre, es momento de reevaluar la situación.

— Verlo como un medio para llegar al fin: recuerda, se trata de trabajar para vivir. Hay mucha vida después del trabajo y de ella extraemos, de hecho, la mayor parte de nuestro bienestar, como comprobaremos en este libro.

La extensión que llevamos en el bolsillo

"Henry Franceschini tomó sus primeras vacaciones en cuatro años, pero el gerente de ventas de 48 años pronto descubrió que no había suficiente señal de celular en Destin, Florida. Así que gastó mucho de su tiempo manejando en busca de ella", narra una crónica del *Wall Street Journal.*

Y continúa: "En total, el señor Franceschini probablemente trabajó cerca de cuatro horas por día. Le decía a su familia que usaba el internet para buscar buenos restaurantes para la cena, pero en realidad contestaba su correo electrónico. Aseguraba que iba al baño, pero llamaba a su oficina. Avisaba que iba a la tienda, pero trabajaba con su teléfono."

Esto sucedió en 2004, cuando los Blackberry apenas tomaban vuelo. Ahora, en la época dorada de los dispositivos móviles y las *apps,* la agonía del *workaholic* se ha alargado.

A propósito, el *Harvard Business Review* hace referencia al "Project: Time Off", un estudio que entrevistó a trabajadores de distintas edades y que desmintió aquella idea de que los millennials —los nacidos entre los ochenta y los noventa— no trabajan mucho. Del total de la encuesta, estos jóvenes conformaban 43%, la mayoría de los participantes que declaraban ser mártires laborales. El martirio en este contexto significa cumplir con cuatro características: creerse imprescindibles, intentar demostrar su completa dedicación a la compañía, no querer ser percibidos como elementos reemplazables y sentir culpa por tomar vacaciones pagadas.

¿Las razones? Varias, pero Katie Denis, directora del proyecto, apunta que una muy importante es justo la distinción principal de esta generación: ser nativos digitales; es decir, haber nacido y crecido junto a internet y los dispositivos móviles. "Es la primera generación totalmente conectada. Desde el día que entran a la fuerza laboral han tenido correo electrónico. Nunca se han ido de un lugar físico y dicho *OK, ya tuve suficiente por hoy.*"

Si de por sí muchos somos presos del celular, el factor trabajo puede crear un puente entre dos adicciones. Esto provoca que revisemos el correo de la empresa casi por reflejo, ya no digamos por gusto.

Como sociedad, nos debemos momentos de quietud y silencio. Deberíamos recuperar —pero de verdad, de verdad— la creencia de que trabajar en el *sabbat* es pecado y enmendar las escrituras modernas para que digan "ah, y tampoco puedes checar tu celular". Para ser productivos entre semana, necesitamos que el fin de semana sea nuestro receso digital; para ser efectivos en el año, debemos respetar nuestras vacaciones a nivel de retiro religioso y prohibir el uso de teléfonos móviles como por voto espiritual.

¿Cómo sé si soy adicto?

La ciencia también ha concebido instrumentos para determinar de qué lado estamos de la raya que divide la sana productividad y la adicción. Investigadores escandinavos crearon en 2012 la Escala de Adicción al Trabajo Bergen, la cual dispone de siete criterios básicos para realizar la medición:

1 ¿Piensas en cómo conseguir más tiempo para trabajar?
2 ¿Pasas mucho más tiempo de lo previsto en el trabajo?
3 ¿Trabajas a fin de aliviar sentimientos de culpa, ansiedad, impotencia y depresión?
4 ¿Te han aconsejado reducir tu jornada laboral y no has hecho caso?
5 ¿Te estresas si te prohíben trabajar?
6 ¿Das menor prioridad a pasatiempos, al ocio y al ejercicio físico por atender tus labores?
7 ¿Tu carga de trabajo ha influido negativamente en tu salud?

Para cada una de las preguntas esta es la gama de posibles respuestas: (1) nunca, (2) rara vez, (3) ocasionalmente, (4) a menudo y (5) siempre. Según el estudio, si respondes "a menudo" o "siempre" en cuatro o más de las siete preguntas, es posible que padezcas adicción al trabajo, así que ¡aguas!

Lo prometido es deuda. Esta es la versión condensada de mis consejos, el ABC de la rehabilitación para *workaholics:*

A   No trabajes por trabajar

— Privilegia la calidad y no la cantidad: no te desvíes, concéntrate en tus deberes. Ser productivo es entregar el producto o servicio que demanda tu cliente o empleador, no las horas que le destines.

— Evita el perfeccionismo: obsesionarte con cada detalle sólo retrasará tus tiempos de entrega.

— Piensa a largo plazo: un empleo es de carrera larga; no te quemes acelerando como si fuera la carrera de 100 metros planos.

B   Pon el trabajo al servicio de tu felicidad

— Enfócate en disfrutar y no sufrir tu trabajo: la preocupación y el estrés sólo entorpecen tu desempeño, pero no aportan valor.

— Recita este mantra: "El trabajo es acción positiva (ocuparse felizmente en ser productivos) y no reacción negativa (preocuparse y ser infelices por temor a no serlo lo suficiente)."

— Recuerda: el trabajo es sólo un soporte para fines más importantes como tus seres queridos, realización espiritual y hábitos saludables.

C   Pinta la raya entre jornada laboral y tiempo libre

— Sacraliza tus días de descanso: defiéndelos como si fuera el último bastión de tu libertad.

— No sientas culpa: los recesos laborales son tuyos por ley, no son motivo de deuda.

— Apaga los aparatos: al menos los que te tienten a reconectarte con ese *yo* oficinista.

Contraer el mal del *workaholismo* conlleva una consecuencia dramática: ofrecerse como voluntario a la esclavitud. Y no hablo sólo de la que ejerce un empleador, sino de la que autoinfligimos con nuestros miedos y ansiedades.

SI LA ESCLAVITUD YA FUE ABOLIDA EN NUESTRO MUNDO, ¿QUÉ TE FALTA PARA LIBRARTE DE TUS PROPIOS GRILLETES Y CADENAS?

CÓMO SER PRODUCTIVO SIN ESTRESARSE EN EL INTENTO

A todo se acostumbra uno menos a trabajar", sentencia uno de los obreros entrevistados en el documental *En el hoyo,* que sigue la vida de varios trabajadores en una construcción en la Ciudad de México.

Estoy seguro que a tí, al igual que a mí, te asombra la gente que trabaja solamente por ganar un salario y no por gusto. ¿Te has preguntado cuántos trabajan verdaderamente por gusto además de obtener un ingreso? ¿Cuántas personas habrá que expresan que su trabajo es un verdadero suplicio?

Alfonso es un conocido que un día me manifestó el gran repudio que siente por su trabajo.

—En la escuela —me dijo—, nunca nos mencionan que todo lo que aprendemos ahí casi no se aplica a la hora de trabajar en algo que a final de cuentas ni te gusta. César, si por mi fuera, y si pudiera, trabajaría en otra cosa que verdaderamente me agrade.

—¿Y por qué no lo haces? —pregunté.

—¿Cómo que por qué? Porque no puedo dejar la antigüedad que tengo aquí. Llevo 20 años y me falta menos para jubilarme, sólo me faltan 20 años más.

—¡20 años más! ¿20 años haciendo algo que no toleras, o que es prácticamente insoportable? ¿No se te hace un precio muy alto?

—Pues sí, pero qué le hacemos.

Me pregunto ¿cuántos más vivirán esto? Muy típico en instituciones públicas como el Seguro Social, el magisterio o en empresas reconocidas con muy buenas prestaciones y que tienen la fama de que al jubilarse, te dan la gran oportunidad de recibir el salario que tienes hasta que te mueras.

Recordé a una prima que quiero mucho. Su madre fue maestra y en tiempos pasados (desconozco si también actualmente) se acostumbraba "heredar la plaza" o tener muchas más posibilidades de ser aceptada en escuelas primarias y secundarias, si tenías un familiar directo.

Mi prima me dijo que no soporta a los niños, con excepción de los que en un futuro tendría y por cierto, ya los tiene.

Hace años me comentaba que entraría a la escuela normal para formación de profesores porque su madre le ayudaría a tener su propia plaza. "¡Pero si no te gustan los niños!" —exclamé con gran seguridad por la buena memoria que aún tengo, recordando sus propias palabras. "Sí, pero ¿qué hago? Es un trabajo que no puedo rechazar."

Han pasado los años y mi prima sigue trabajando en la escuela quejándose amargamente de su trabajo, de los "escuincles" que la tienen harta, de las condiciones paupérrimas de la escuela "que le tocó" y que desde hace más de 23 años no ha podido cambiarse. "Pero, ¿sabes qué? —me dijo—, ya falta menos para jubilarme."

El trabajo difícilmente figura en nuestro top de cosas favoritas. Según un estudio de la firma Gallup, sólo 13% de los empleados a nivel mundial se siente comprometido con su trabajo. En México es peor. El país figura al fondo de la tabla en América Latina, con un escaso 12% de satisfacción, lo que contrasta con el 60% que se siente desapegado y el 28% que confesó, de plano, que repudia sus labores. O sea, en México, 88% de la gente trabaja en lo que no le gusta.

¿Has sabido de gente que se deprime los lunes? O peor, desde el domingo en la noche. Como un hermano, que hace varios años me dijo muy serio: "César, ¿qué me tomo para calmar los nervios que siento todos los domingos después del mediodía? Me pongo tenso, taquicárdico pensando en que ya llegó el lunes."

Probablemente son más de los que tú y yo creemos quienes viven ese suplicio de los domingos por la tarde o los lunes.

¿Has escuchado a alguien exclamar gustoso: "¡Por fin es lunes!"? Me atrevería a apostar que no. Lo cierto es que este día nos pesa tanto que nos apachurra el corazón... literalmente. Investigadores holandeses descubrieron que, de los 1 828 casos de muerte súbita por causas cardiacas que registraron en su estudio, encontraron un patrón: el riesgo de sufrir uno de estos ataques mortales en lunes es sustancialmente mayor que en otros días, sobre todo en pacientes no hospitalizados. En el artículo se cita que una de las posibles explicaciones de este pico es el estrés de comenzar una nueva semana laboral, ¡qué tal!

De antemano sabemos que la del trabajo no es una búsqueda de la tierra prometida. Es normal que le pongamos uno que otro "pero" a cualquier empleo, pero sí podemos decidir sabiamente antes y durante nuestra estancia laboral para bajarle a los nervios y subirle a la productividad y al gusto.

Encontrar nuestro lugar

Según la Organización Mundial de la Salud, el tipo de trabajo que produce más estrés es aquel en que las exigencias y presiones superan los conocimientos y capacidades del trabajador.

El estrés laboral es una amenaza mayor de la que aparenta. Llega con primos hermanos como la angustia, la irritación y la desconcentración. Nos roba la tranquilidad hasta el punto del insomnio, las cardiopatías, los trastornos digestivos y la alta presión arterial. Puede ser no sólo causa de despido sino también de muerte.

Si queremos prevenir una vida laboral libre de estrés debemos considerar un mínimo de garantías:

— Buscar y enviar solicitudes de empleo para vacantes que coincidan con tu perfil y tu formación profesional.
— Solicitar que te aclaren los objetivos y la visión de la empresa en general y el departamento en particular.
— Tener presentes las prioridades de tu puesto y exigir que se respeten.
— Concientizar a tus superiores sobre las horas reales de trabajo que toma cada proyecto.
— Demandar que te traten de forma justa y asignen cargas similares a las de tus compañeros de área.

Otra variable importante para cuadrar la expectativa con la realidad es el ambiente del lugar de trabajo. Y, para esto, no confundir el trato con nuestros jefes, una cosa es la autoridad y otra muy distinta el abuso de poder; entre compañeros, la competencia no tiene nada que ver con la grilla malintencionada; además, el chascarrillo aislado e inofensivo es una especie distinta al insulto cizañoso. Pese a que esto parece tema de sentido de común, no es raro hallarse viciado en ambientes en que estos comportamientos se confunden y se pasan por alto.

Recordé al director general de una importante empresa de supermercados a nivel nacional en mi querido México, que me expresaba su enorme preocupación por la gran rotación de personal que tenía. Me dijo: "Dales un curso de tres horas bien ichin...! o sea, ¡a toda madre! para que se pongan la camiseta y no se vayan a otro lado. Se van por el mismo salario y a veces ¡hasta por menos!"

Al preguntarle si aplicaban encuesta de salida, me dijo que sí, y que la mayoría decían que se iban porque sus supervisores y responsables de departamento los trataban mal. ¿Qué?

"El curso chin... lo necesitan tú y todos los encargados de área", le dije. Comentario que por cierto no le cayó muy en gracia y se lo pasó por... después les digo por dónde.

Esos supermercados digamos que no se caracterizan por una eficiente atención al cliente, sino por la presencia de empleados mal encarados, fastidiados y sin motivación.

En cajas, al momento de pagar te preguntan en forma automatizada: "¿Encontró todo lo que buscaba?" Acostumbrados a una respuesta también automatizada por parte del cliente, que generalmente es un simple "sí". Un día, para poner a prueba sus ganas de servir, les contesté que no. La verdad no encontré todo lo que buscaba. La cajera —con chicle en boca— se me quedó viendo y me contestó con un sonido raquítico y sin ganas: "Ah..." y siguió cobrando. O sea, ¿para qué preguntan algo a lo que no darán seguimiento?

Christine Porath, de la Universidad de Georgetown, ha estudiado durante 15 años el impacto que tiene la falta de civismo entre los colegas de oficina. Además de notar un aumento de las hostilidades en los lugares de trabajo en los últimos años, también ha comprobado los efectos negativos que éstas ocasionan. De aquellos trabajadores que son objeto de maltrato, 47% disminuye su tiempo efectivo en el trabajo, 66% se esfuerza menos, 78% asegura haber bajado su compromiso con la organización y una inmensa mayoría, cercana a 90%, encuentra maneras de vengarse de sus agresores y de la organización en general.

Otros experimentos realizados por Amir Erez de la Universidad de Florida revelaron que los ambientes tóxicos producen entre los empleados reducciones de 30% en su creatividad y 25% en su desempeño cognitivo.

Así que lo ideal es ingresar a un lugar que privilegie la cooperación y el trabajo en equipo por encima de la competencia y el autoritarismo. Siempre será mucho más armónico desenvolvernos en un lugar donde todos seamos iguales y abunde la empatía y la compasión.

SI DE PLANO NO SE CUMPLEN LAS CONDICIONES MÁS ELEMENTALES DE TRATO DIGNO Y RAZONABLE, TODO LO QUE MENCIONEMOS A CONTINUACIÓN SERÁ INÚTIL. CON UN AMBIENTE DENSO Y ENRARECIDO, NO EXISTE SIQUIERA RANGO DE MANIOBRA PARA ESTAR AL MENOS TRANQUILOS DONDE ESTAMOS Y CON LO QUE TENEMOS.

Una cosa a la vez

Otro falso superpoder que nos adjudicamos sin saber el lío psicológico en el que nos mete es el *multitasking:* hacer varias cosas a la vez. Tener todo en el celular muchas veces significa no tener mucho en el cerebro, o dicho de otra manera, "el que mucho abarca, poco aprieta".

Glenn Wilson, profesor de psicología en el Gresham College de Londres, bautizó al fenómeno como "infomanía" e hizo un experimento en el que ordenó a los participantes concentrarse en una tarea mientras sabían que tenían un correo electrónico no leído en su bandeja. Pues resulta que, en el intento, sufrieron consecuencias tan descabelladas como disminuir 10 puntos su coeficiente intelectual y fallas de memoria similares a las producidas por fumar marihuana.

Según el autor y profesor de la Universidad de McGill en Montreal, Daniel Levitin, realizar varias tareas simultáneamente no sólo afecta nuestro desempeño cognitivo, también activa hormonas como el cortisol y la adrenalina que nos estresan y sobre estimulan, sin olvidar la dopamina, que nos recompensa por las razones equivocadas y, por tanto, nos hace adictos a la distracción.

También existe el *multitasking* puramente mental. Todos hemos notado alguna vez la enfermiza tendencia de nuestro cerebro a malabarear pendientes, generar caóticamente ideas y tratar de recordarlo todo. Menuda tarea, ¿no?

A principios de siglo, David Allen atendió este problema cuando desarrolló una de las metodologías de productividad más reconocidas: *Getting things done,* titulada en español: *Organízate con eficacia.* Este método parte de la premisa de que nuestro cerebro es excelente para resolver problemas, pero pésimo para almacenarlos y recordarlos. La memoria es un mecanismo que demanda muchos recursos y enturbia el resto de los procesos mentales. Así que uno de sus principios básicos es tan simple que provoca que subestimemos su poderío: elaborar una lista de tareas para luego cumplirlas una por una.

Las ideas de *Getting things done* cobraron tanto auge que la ciencia comenzó a echarle un vistazo. Tal es el caso de investigadores de la Universidad Libre de Bruselas, en Bélgica, que detallan en su estudio cómo esta metodología es efectiva porque le descarga peso a nuestra memoria y razonamiento al vaciar sus contenidos a mejores métodos de almacenamiento como los de una computadora o una simple hoja de papel.

Nuestro cerebro es como cualquier computadora. Cuando la memoria y el procesamiento se consumen al punto de la lentitud y la inhibición, vienen los corajes: "¿¡Por qué se atora esta mugre?!", sin reparar que fue nuestra culpa por haberla atiborrado de procesos, con decenas de programas abiertos. Recuerda que aquí, para hacer más a la larga, debemos hacer menos a cada paso.

Para todo hay un tiempo, incluido el correo

Esta es la queja eterna del Godínez: mucho que hacer, poco tiempo. Obviamente la culpa debe ser de alguien más y entonces, en vez de exprimir el jugo de cada minuto, ¿qué terminamos haciendo? ¡Lo contrario, por supuesto! Con la queja buscamos colgarle el muertito a alguien más y con la procrastinación, o sea dejar las cosas para después. Bueno, pues lo termina cargando nuestro yo del futuro.

La mayoría de las ocasiones, el problema se resuelve con mera administración del tiempo. En vez de llamar al clásico "este es problema de otro", debemos ser pragmáticos.

Otro gran cambio del siglo XXI es que anteriormente se veía leyendo o platicando a los pacientes en las salas de espera de los médicos, paradas de camión o en la fila para entrar a cierto evento. Ahora como un hábito que se ha contagiado de manera acelerada, cuando tenemos que esperar, lo primero que hacemos es ver el celular. Mensajes pendientes por leer, mensajes ya leídos (para acordarme de cosas buenas que me han dicho), Facebook, Instagram y cuanta aplicación tengamos a la mano para ver qué novedades encuentro.

Hoy te quiero preguntar: ¿Cuántas veces al día acostumbras a revisar el contenido de tu celular? Difícil respuesta para muchos, incluyéndome a mí.

Recordaré a un amigo que por obvias razones omito su nombre.

Él evita que su celular vibre o emita cualquier señal al recibir un mensaje. Incluso quitó la forma que existe para ver con pantalla bloqueada los mensajes que puedes tener pendientes por leer.

Para ver si hay o no mensajes, él tiene que poner su clave o su huella digital y abrir la aplicación. Al preguntarle ¿por qué lo hizo? Me dijo que no le gusta que nadie vea quién le envía mensajes y mucho menos que se alcance a ver parte del contenido. ¡Zas!

Entonces él revisa su celular, aplicando su clave o su huella, cada 10 o 15 minutos para ver si hay algún mensaje importante. Me pregunto si eso puede causar algún tipo de estrés y he aquí la respuesta: investigadores de la Universidad de British Columbia, en Canadá, se propusieron medir los efectos de revisar el correo electrónico en los niveles de productividad y estrés de las personas.

El estudio siguió a 124 adultos de distintas edades y profesiones, a quienes les pidieron abrir sus cuentas de email sólo tres veces por día durante una semana. A otro grupo le solicitaron que lo hicieran la mayor cantidad de veces posible. Siete días después, revirtieron las instrucciones de ambos grupos y les aplicaron encuestas para sondear su estado de ánimo.

El resultado fue una paradoja que más o menos esperaríamos: la gente batalló para soportar las ganas de revisar sus mensajes con frecuencia, sin embargo, entre menos lo hacían, menor nivel de estrés reportaban. Estudios similares han arrojado información suficiente para afirmar que quienes revisan frecuentemente su celular para verificar si hay o no mensajes, manifiestan un mayor nivel de ansiedad y estrés.

La recomendación de los científicos es designar dos o tres periodos fijos de revisión de correos durante el día, en vez de hacerlo constantemente sin ningún orden. De esa manera dedicamos nuestra atención a tareas mucho más importantes y no lo invertimos en comernos las uñas por la anticipación de un nuevo mensaje en la bandeja de entrada.

Remar a favor de la corriente

Quizá alguna vez has entrado en un trance en el que el trabajo y tú parecen uno mismo. Tras horas de trabajo, te descubres absorto, mirando el reloj y preguntándote por qué el tiempo tenía tanta prisa como para haber corrido así tan rápido. Y la extrañeza no es por malestar; más bien por un sentimiento plácido de sorpresa tras haber sido tan productivo sin sufrir los daños colaterales del estrés.

A esto se le llama estado de "flujo" o *flow*, descubierto y nombrado por el psicólogo Mihaly Csikszentmihalyi. Estar en "flujo" es ponerse en sintonía con una tarea, sentir que estamos en completo control de ella, realizarla sin grandes esfuerzos y elevar nuestro desempeño al máximo de nuestras capacidades.

El afamado psicólogo y autor Daniel Goleman tiene un interés muy especial en el tema y en uno de sus artículos recomienda tres acciones para ayudarnos a precipitar el estado de "flujo": enfrentar retos acordes a nuestras habilidades, alinear lo que nos apasiona con lo que sabemos hacer y enfocar toda nuestra atención a la tarea que tengamos enfrente.

Esto nos debe inspirar cuestionamientos muy interesantes que además nos obligan a ser sinceros: ¿sabemos a ciencia cierta cuál es nuestra aportación al mundo?, ¿somos buenos en lo que nos apasiona?, ¿estamos en un empleo acorde a nuestras pasiones, habilidades y capacidades?

¡Piénsalo!

Dilo con tu cuerpo

Paulina es una mujer que acostumbra a vestir de manera tan pero tan casual, que puede considerarse hasta zarrapastrosa.

De complexión robusta, morena, lentes con armazón algo grande y oscuro, nada de maquillaje, nunca he percibido aroma de perfume en su cuerpo y para su mayor comodidad sus tenis son fundamentales para su trabajo como productora de radio y televisión.

No es una mujer fea, porque no hay mujeres feas, digamos que hay mujeres "graciositas". Paulina es graciosita. La conozco desde hace más de 20 años en mis inicios en la televisión y al verla siempre me dio la imagen de que venía directamente de la cama al trabajo, como recién levantada y con tanto trabajo que no tiene tiempo de arreglarse. Sin embargo es su forma de ser, no le gusta maquillarse ni dejar por un momento sus indispensables y desgastados jeans y sus viejos tenis.

En los tres empleos que ha tenido, expresa con su respectiva cara de dolor lo poco valorado que es su trabajo, las múltiples horas que trabaja y lo bien que le va a otras compañeras que no tienen ni la mitad de la capacidad que ella tiene.

Me pregunto si su historia sería diferente si le dedicara un poco más de tiempo a su apariencia personal. Si sus superiores la considerarían más a la hora de una promoción de puesto o aumento de salario si su imagen fuera distinta.

Recordé en mis tiempos de estudiante de medicina a un compañero con características similares; desaliñado, descuidado, su imagen distaba mucho de ser la persona esperada por los pacientes que atendíamos. Cabello descuidado, barba mal delineada y la bata era gris, como si algún día hubiera sido blanca y siempre arrugada. Las apariencias engañan, ya que era uno de los estudiantes más brillantes de mi generación, en serio.

Uno de los profesores más estrictos que tuve en 5 años, insistía en la importancia de la apariencia para el éxito profesional. Impecablemente vestido, siempre oliendo a loción lavanda, zapatos negros boleados y de charol, su bata blanca era tan blanca que parecía resplandeciente. Un día puso una dinámica algo inusual, incluso discriminatoria. Le solicitó a un grupo de pacientes que eligiera a cuál de los 17 estudiantes para médico desearía que lo atendiera, entre los que estaba el compañero que menciono. Aun siendo el más brillante no fue elegido por ninguno de los pacientes.

Ni así cambió su apariencia ni su forma tan original de vestir y desconozco qué ha sido de su vida.

Algunos estudios han comprobado que efectivamente la vestimenta importa, no sólo en nuestro estado de ánimo, sino en la forma que pensamos y en la forma como nos tratan. Por supuesto que no tratan igual a alguien impecablemente vestido que a alguien que no invirtió en un vestuario impecable acorde a su trabajo. ¿Cómo influye exactamente? No tiene que ver con la discriminación, sino sobre todo con el significado que les atribuimos y las asociaciones de poder que hemos creado a su alrededor.

Por ejemplo, en un estudio de la Universidad de Northwestern, se halló algo muy interesante: solicitaron a algunos participantes a vestir una bata. Cuando les decían que la prenda le pertenecía a un doctor, su capacidad para prestar atención se incrementaba de forma importante, pero cuando les afirmaban que era de un pintor no se producía ninguna mejora.

Esto quiere decir que, conociendo el potencial de este simbolismo podemos vestirnos a nuestro favor. En otras palabras, *el hábito sí puede hacer al monje.* Porque esto también se comprobó en un ambiente más de oficina: un estudio de la Universidad Estatal de California encontró que, al vestir de traje, los participantes pensaban de forma más global y no tan focalizada. Tendían a tener pensamientos más abstractos y holísticos, lo que facilita una perspectiva más amplia y completa al analizar algún tema.

Pero dejemos de lado al sastre. Hay medidas aún más simples y que dependen de nosotros por completo. Hablo de algo tan básico como el lenguaje corporal. Seguramente has notado las diferencias entre las posturas de alguien que gana y alguien que pierde. Tras anotar un gol o cruzar la meta en primer lugar, el impulso es alzar los brazos, levantar el mentón y saltar de júbilo; en cambio, en la derrota nos lanzamos al suelo, nos encogemos y retraemos las extremidades. Estas reacciones tienen relación directa con nuestros niveles de confianza en determinada situación. A mayor seguridad y dominio del entorno, más a gusto nos sentimos con adueñarnos del espacio.

A raíz de sus investigaciones en el tema, Amy Cuddy, investigadora de la Escuela de Negocios de Harvard, nos pasa un gran dato: también funciona a la inversa. Sí, la confianza, la autoestima y el éxito provocan un cambio en la postura, pero también la postura que adoptemos puede dictar cómo nos sentimos y comportamos.

"Cuando nuestro lenguaje corporal es seguro y abierto, otras personas responden igual, lo que refuerza inconscientemente no sólo su percepción de nosotros, sino también nuestra percepción de nosotros mismos", explica Cuddy.

Gracias a nuestra capacidad de empatía, las interacciones con otras personas suelen tener un efecto de espejo. Puedes hacerlo con un experimento muy básico: cuando estés en una discusión acalorada, baja súbitamente la voz y tus aspavientos; notarás que la otra persona imitará sin saberlo ese lenguaje corporal casi de inmediato. En este caso, calmarte los calma y su calma te calma más a ti, ¿me explico?

Volvamos a las posturas del triunfo para aplicar la lección. La investigadora de Harvard nos invita a que observemos una sala de solicitantes que esperan su turno para una entrevista de trabajo. Estresados por lo que está por venir, la mayoría adopta posiciones encorvadas, tensas, retraídas, ensimismadas. Esto no les ayudará para nada a la hora de exponer con claridad y confianza sus habilidades.

El consejo, para este tipo de situaciones laborales —entrevistas, juntas o incluso al comienzo de cada jornada—, son cinco minutos bien invertidos en lo que te explicaré para marcar una gran diferencia: tómate este tiempo para extender tu cuerpo lo más que puedas, como si hicieras el ejercicio de las mariposas, y notarás un cambio en tu actitud muy, muy útil de cara a tus retos. Durante la hora de la verdad, mantén esta postura para prolongar el efecto.

ABRIR LOS BRAZOS SIEMPRE CONTAGIA CONFIANZA, CALIDEZ Y APERTURA A LOS DEMÁS, Y CRUZARLOS LES COMUNICA INSEGURIDAD, MALA ACTITUD Y CERRAZÓN.

"No te da habilidades que no tienes; te ayuda a compartir las que sí tienes. No te hace más listo o más informado; te hace más resiliente y abierto. No cambia la persona que eres; te permite ser quien eres", concluye la científica.

Este es el resumen: encuentra un ambiente fértil para tu perfil. Optimiza la forma en que utilizas tu tiempo, tanto para que seas productivo como para que seas feliz en el proceso. Y procura que tu trabajo sea una manifestación de tu actitud y tu autenticidad.

Pasamos un tercio de nuestras vidas trabajando. Más nos vale poner todo de nuestra parte para hacer de nuestras labores una experiencia placentera. La mejor forma de lograrlo es apropiarnos de él; integrarlo como parte fundamental de nuestra vida. Porque, a fin de cuentas, no es algo aparte, es una oportunidad más para abonar a nuestra realización en general.

16

DE VUELTA A LA NATURALEZA PARA SER MÁS FELIZ Y PRODUCTIVO

M **e preguntan frecuentemente cuánto tardo en escribir un libro y si existe un lugar donde me inspire de tal forma que el resultado sea mejor.**

El tiempo varía, pues el proceso inicia con pensamientos relacionados con lo que quiero o deseo expresar y sobre todo con las preguntas: ¿De qué forma quiero tocar la vida de los lectores?, ¿qué mensaje deseo que quede después de su lectura? Y ¿para quiénes van dirigidos los mensajes que contiene cada libro?

Cada libro tiene su historia. Por ejemplo, *Por el placer de vivir,* el libro más leído de todos los que he publicado, casi fue escrito dos veces por un descuido, no tener un respaldo de todo lo que iba escribiendo y ser víctima de la delincuencia pues me robaron la computadora donde lo tenía. Meses de trabajo se esfumaron en unos cuantos minutos por un cristalazo a la camioneta donde estaba guardada mi laptop con tan valioso contenido para mí. Ni llorar es bueno y utilizando mis técnicas de *coco wash,* me dije: "Quiere decir que me va a salir mejor."

Salas de espera de aeropuertos, aviones, hoteles, han sido lugares donde escribo. Pero sin duda, donde mejor me inspiro es en una pequeña finca campestre muy cerca de mi querido Monterrey. El olor a pasto, el canto de pájaros y simplemente observar el verde de tantos árboles me inspira, me hace más sensible para expresar tantas cosas y me ayuda a concentrarme mucho mejor.

Desde que estudiaba medicina me daba cuenta de que no era igual estudiar en el patio de mi casa con un pequeño jardín que en una biblioteca. Nunca fue igual estudiar en mi recámara a irme a estudiar a un rancho de uno de mis compañeros de grupo que esporádicamente nos invitaba a varios a estudiar en ese lugar rodeado de árboles y con los sonidos naturales del campo.

Mientras escribo esto, siento el olor de tierra mojada por la lluvia leve que acaba de caer y el canto de los pájaros, como agradeciendo por tal bendición.

Estamos perdiendo el contacto con la madre naturaleza. Lejos quedaron aquellos tiempos de rendirle rituales y cultos de gratitud.

Y es que parece que la naturaleza nos incomoda y hacemos lo posible por sacarle la vuelta. En vez de salir a los parques, compramos bicicletas estacionarias (que luego, como su nombre lo dice, estacionamos en el cuarto de los triques pero como tendederos); los niños cambian la aventura al natural por la realidad virtual, y hasta toma auge un movimiento en Estados Unidos al que le incomoda comer y consume, en cambio, licuados que en una sola ración contienen los requerimientos nutrimentales diarios.

Pero esta migración a lo artificial no queda impune; por el contrario, tiene un impacto real en nuestro bienestar. Así lo documenta el psicólogo de la Universidad de Washington, Peter Kahn, quien se ha abocado a examinar nuestras acciones y reacciones a lo natural y a lo sintético.

Kahn destaca dos experimentos. En uno de ellos, comparó dos actividades entre gente que sufría estrés moderado: mirar imágenes de paisajes en una pantalla de plasma y observar una vista idéntica pero a través de una ventana real. Al finalizar las pruebas, notó que los participantes superaban su estrés de forma más eficiente cuando apreciaban la imagen real en comparación con la emitida por el televisor.

En el otro estudio, el psicólogo comparó entre las experiencias de jugar con un perro real y hacer lo mismo con uno robótico. El resultado fue similar: los niños no exhibían comportamientos tan sociales o interacciones tan profundas cuando se les prestaba el perro artificial.

La ciencia comprueba cada vez más que aquellos rituales de antaño alimentaban por mucho nuestro espíritu, ¡éramos más felices! Como veremos a continuación, nuestra especie tiene una conexión profunda y ancestral con la naturaleza, al perderla sacrificamos parte de nosotros.

Importa el *qué* pero también el *dónde*

Sabemos que el ejercicio nos hace felices, pero ¿qué tanto influye el lugar donde lo practicamos? Un estudio de la Universidad de Stanford se dispuso a buscar la respuesta, utilizando escáneres cerebrales y comparando las caminatas en parques con las realizadas en calles de alta afluencia en la ciudad de Palo Alto, California.

Los que caminaron en entornos verdes estimularon menos la sección cerebral relacionada con los pensamientos depresivos.

Los investigadores especulan que estas escapadas a la naturaleza son también escapadas de la mente. Estas actividades parecen succionar nuestra atención en el buen sentido de la palabra: la acercan a sentimientos de conexión con el medio ambiente y la alejan de los sentimientos negativos.

Investigadores de la Universidad de Bangor, en el Reino Unido, analizaron 23 estudios para verificar si existe algún vínculo entre bienestar y naturaleza. Los científicos reportaron haber hallado evidencia de que la exposición a ambientes naturales, a diferencia de los lugares cerrados, sí producen un impacto positivo. Se asocian con la baja de emociones negativas como enojo, fatiga y tristeza, y el alza de otras como la tranquilidad.

La organización británica Mind contrastó, en otra investigación, los efectos mentales de realizar una caminata en un entorno expuesto a la naturaleza (un parque en la ciudad de Essex) y otro en el interior de un edificio (un centro comercial en la misma localidad). Estos fueron los resultados para ambas:

A   Después de la caminata verde...

— 90% de los participantes vio incrementada su autoestima.
— 71% informó una disminución en sus niveles de depresión.
— 88% notó una mejoría en su humor.
— 71% se sintió menos tenso.

B   Luego de la caminata en el centro comercial...

— 44% de los participantes notó una reducción en su autoestima.
— 22% percibió un aumento en sus sentimientos de depresión y 33% permaneció sin cambios.
— 44.5% vio afectado negativamente su humor.
— 50% sintió más tensión.

Los investigadores de esta organización británica creen que la gente disfruta las actividades cerca de la naturaleza por cuatro principios:

— Aumentan las conexiones naturales y sociales: acompañarse de amigos, familiares y gente afín; convivir con mascotas y animales silvestres; evocar memorias agradables, estimular la imaginación y la espiritualidad.

— Estimulación sensorial: experimentar las vistas y sonidos del entorno; respirar aire fresco y la riqueza aromática; emocionarse producto de actividades como deportes y excursiones.

— Aumento de actividad: aprender alguna habilidad o trabajo manual, disfrutar las actividades físicas y los beneficios asociados con ellas.

— Sano escape de la cotidianidad: huir un momento de la vida ajetreada, relajarse y pasar un tiempo de calidad a solas o con la familia; recargar las baterías con los momentos de quietud.

Ejercitarse parece ser una experiencia más integral que el simple movimiento de nuestros músculos; apartarlo de los entornos naturales en los que comúnmente se practica es despojarlo de su integridad.

Generosidad al natural

Los paseos verdes no sólo crean ondas de bienestar al interior, sino también lo hacen al exterior. Las pruebas señalan que, más allá de la felicidad individual, incitan un verdadero cambio en nuestro ser y actuar para con los demás.

Una serie de experimentos de investigadores de la Universidad de California, en Berkeley, expuso a algunos participantes a imágenes naturales antes de adentrarlos en pruebas para medir su generosidad y la confianza. Aquellos que veían las imágenes más hermosas mostraban comportamientos más benévolos y sociales. Su conclusión fue que experimentar la belleza de la naturaleza incrementa las emociones positivas, quizá por el asombro y la admiración de sentirse parte de algo más grande que ellos, lo que a su vez genera comportamientos en pro de la sociedad.

Esta teoría encuentra sustento también en un estudio similar de la Universidad de California, en Irvine, en el que las personas luego de mirar por unos minutos a las copas de árboles de gran altura se comportaron de forma más servicial y resolvieron dilemas morales de una forma más ética en comparación con otras que pasaron el mismo tiempo observando edificios altos.

Otro estudio de la Universidad de Rochester, en el Reino Unido, realizó experimentos similares pero con ingredientes extra muy tentadores: la fama y el dinero. Durante varias pruebas, la mitad de los participantes apreció varias imágenes relacionadas con la naturaleza y la otra mitad, fotografías de paisajes urbanos como avenidas y edificios. Luego se les aplicó un cuestionario para determinar qué valoran más en la vida: si la fama y la riqueza o la conexión y la comunión con otras personas.

¿El resultado? Entre mayor fuera su inmersión en los ambientes naturales más tendían a valorar la comunidad y la cercanía con las personas. Esto fue comprobado también en pruebas posteriores con billetes. Los influidos por la naturaleza tendían a ser más generosos, aunque eso significara perder algo de dinero por el bien de los demás.

Estos científicos especulan que esto se debe a que la naturaleza nos ayuda a establecer contacto con nuestro yo más auténtico, aquel que convivía en sociedades de cazadores y recolectores en medio de entornos naturales. "La naturaleza, de alguna forma, remueve los artificios de la sociedad que nos aíslan de los demás", concluye Andrew Przybylski, uno de los líderes del último estudio.

La monotonía ni en las plantas

Científicos de la Universidad de Sheffield, en el Reino Unido, descubrieron que no porque sea verde significa que todo es igual. Sus investigaciones revelaron que la asociación positiva que existe entre los entornos naturales y el bienestar de sus visitantes también se ve influenciada por la variedad de las plantas que lo componen.

El grado de beneficio psicológico aumenta mientras más grande sea la riqueza y diversidad de las especies de plantas, con una pequeña contribución de la variedad de especies de aves.

Los investigadores concluyen que este conocimiento es de utilidad para los urbanistas y departamentos planificadores de parques y ciudades, quienes aparte de cumplir con conservar áreas verdes dignas podrían complementar su misión ecológica y recreativa con las personas añadiendo más complejidad a los paisajes.

En un mundo donde el pasto tiene el monopolio sobre los parques y jardines hogareños, la investigación es una invitación a despertar nuestra creatividad para que en el mejor adorno de los exteriores encontremos una paz más plena en nuestro interior.

Las bondades de un baño de sol

Me confieso: constantemente digo que soy enemigo del sol y es por la historia que he tenido al exponerme en exceso a los rayos del astro rey.

Recuerdo un viaje a Acapulco con mi familia, hace ya muchos años. Tenía entonces 13.

Yo veía en las películas que era natural y hasta de alguna manera una especie de moda estar en la playa asoleándose cual vil lagartija. Y ¿qué hice? Lo mismo, pero con una pequeña ayudadita para tomar ese color bronceado que veía en mucha gente, ofrecida por los múltiples vendedores que están en la playa. "¡Con este aceite de coco, agarras un color padrísimo!", me dijo uno más moreno que el café. Me unté lo suficiente como para verme enmielado. Y me puse más o menos 3 o 4 horas, "hasta que me arda la piel", me dije.

Los resultados fueron obvios, quemaduras de primer y segundo grado en toda mi espalda, acompañadas de ampollas que todavía recuerdo por las cicatrices que me dejaron. Desde entonces dije "nunca más" a la exposición directa al sol.

Por supuesto que todo exceso es malo, pero a ciertas dosis los expertos dicen que es necesario por la vitamina que aporta y el bienestar que simultáneamente se produce.

En el portal *Natural News* la llaman "la vitamina más subestimada del mundo de la nutrición"; en el *New York Times* predijeron que "promete ser el suplemento nutricional del que se hable y escriba más en la década". En el *Harvard Magazine* se preguntan si es la "píldora maravilla" en vista de que, además de su fama de mejorar la salud de los huesos, ayuda a combatir males como la inflamación, la esclerosis múltiple, la hipertensión y hasta el cáncer.

Hablamos de la vitamina D, obtenida por algunos alimentos pero también por un proceso desatado en nuestro cuerpo por la luz solar. Una insuficiente exposición a los rayos solares puede crear una deficiencia de esta vitamina, que tiene una función muy importante en nuestro bienestar físico.

Por ejemplo, en las naciones del norte de Europa sufren mucho de ella porque el sol se asoma por escasos periodos en algunas temporadas. Otro ejemplo: según estudios, en los Emiratos Árabes Unidos, a pesar de que el sol cae a plomo, mucha gente también la padece, en gran parte por sus normas culturales y por sus códigos de vestimenta caracterizados por ocultar la mayoría de su cuerpo (el problema es más grave en las mujeres porque tienden a cubrirse más el cuerpo con el uso de la burka).

La carencia vitamínica no es exclusiva de aquellos lejanos lugares. Los Centros para el Control y Prevención de Enfermedades, en Estados Unidos, reportan que uno de cada cuatro habitantes de ese país la padece. En México, según datos del Instituto Nacional de Salud Pública, la cifra es incluso más elevada: uno de cada tres.

Aunque la relación entre este déficit y trastornos mentales como la depresión está muy bien documentada, el fenómeno también tiene injerencia en el humor de cualquier persona en cualquier día. Investigadores de la Universidad de Brigham Young, en Estado Unidos, se propusieron encontrar las condiciones climáticas que afectan más nuestro bienestar mental y emocional. Resulta que ninguna impacta tanto como la falta de sol: aun esté caluroso, lluvioso y hasta nublado por una espesa capa de contaminación, el ánimo no decae tanto como cuando el sol no es tan generoso con sus rayos.

¿Por qué ocurre esto? Nicholas Spitzer, profesor de neurociencia en la Universidad de California, explica que, dado que los químicos del cerebro reaccionan al entorno, la falta de sol del invierno nos incita a entrar en un modo ahorrador de energía. Esto produce afectaciones en nuestro humor, pero también en nuestras funciones motrices y mentales. Si bien no alcanzamos la magnitud de los osos digamos que entramos a una hibernación chiquita.

LA LECCIÓN QUE ESTO NOS DEJA ES QUE EL ENCIERRO PUEDE ENVIAR LA SEÑAL EQUIVOCADA A NUESTRO CEREBRO. ESTO NOS MANTIENE CON LA CAPA CAÍDA Y LEJOS DE ESTAR AL 100 PARA AFRONTAR NUESTROS RETOS COTIDIANOS.

Sólo recuerda: nada con exceso. Una cosa es el bienestar y otra muy distinta el cáncer de piel.

Un pedacito también ayuda

¿Sin oportunidad de salir? Por lo menos trasplanta algo verde a tus lugares.

Una investigación de científicos de la Universidad de Queensland halló que las oficinas que utilizan plantas como parte de su decoración producen un incremento de 15% en la productividad de los empleados.

Luego de monitorear al equipo de trabajo por dos meses y aplicarles a sus miembros una encuesta al fin de ese periodo, los investigadores notaron un aumento en la satisfacción con su empleo, un mayor nivel de concentración y una mejor percepción de la calidad del aire.

"La gente cree que si la naturaleza simulada con tecnología es medio buena es suficiente. Pero no lo es. Porque con el paso de las generaciones lo que ocurrirá es que lo suficiente se convertirá en lo bueno. Si no cambiamos el rumbo, esto empobrecerá nuestra especie", sentencia Peter Kahn, el psicólogo con quien abrimos este capítulo.

La advertencia no es para echarse en saco roto. Lo que consideramos "normal" cambia con el tiempo y conforme pasan los años alejamos la normalidad de la naturalidad.

Basta con ver la herencia de las últimas décadas en las que ya hemos movido demasiado la aguja. Los convivios en el parque han cedido paso a los chats; el futbolito en el barrio ya no seduce como el de los videojuegos en línea; para acabar pronto, y no te miento: en mi ciudad he visto pasto artificial en las "áreas verdes" de los camellones entre avenidas.

Ya hace tiempo perdimos algunos bastiones de naturaleza y contacto humano. ¿Qué nos depara si seguimos cediendo? Emprendamos mejor el regreso al origen, pero sólo a eso que nos da beneficios en la salud.

UNA MENTIRA
DEMASIADO PIADOSA

De acuerdo, ¡no a las mentiras! ni tampoco a las piadosas. Sé que al ver el título de este capítulo pensaste que podría estar promoviendo una actividad tan mundana, tan cotidiana y común como la misma respiración.

No es nada fácil eliminar un hábito tan arraigado como es la mentira piadosa.

—¿Cómo me veo?

—¡Muy bonita!

Cuando la verdad está muy lejos de tu parámetro de lo que consideras verdadera belleza, sin embargo para evitar algún tipo de conflicto, contestamos lo que ella quería escuchar.

—Mi amor... ¿me veo gorda?

Otra de las preguntas más peligrosas que pueden hacerse en pareja y cuya respuesta puede derivar en una inestabilidad emocional o crisis matrimonial.

¿Por qué preguntamos lo que no queremos escuchar?

¿Para qué poner en aprietos a la gente que amamos al formular preguntas muy difíciles y comprometedoras?

Quienes son inteligentes pueden contestar con una verdad sutil en lugar de una mentira piadosa: "Te ves sabrosa."

No es mentira, ya que según Wikipedia, la palabra sabrosa, además de ser un municipio de Portugal, quiere decir algo agradable, delicado, apetitoso, interesante y sustancioso; por lo tanto no es mentira, "¡te ves sabrosa!" Y punto.

Quién es más que inteligente puede contestar con algo técnico-científico:

—Mi amor, si el 70% del cuerpo es agua, digamos que no estás gorda, estás un poco inundada —¡y ya! no entres en más detalles.

En muchas ocasiones, por querer agradar a los demás o hacer sentir bien a quien sufre una necesidad, buscamos la mentira como tabla de salvación.

—No te preocupes, ¡eso se arregla fácil!

Cuando en el fondo de tu corazón no tienes ni la menor idea de cómo se solucionará tremendo conflicto.

—¡Por favor! No es para tanto; no lo hagas más grande de lo que realmente es.

Y la verdad, sí es para tanto, ¡pero no encuentro qué decirte!

—¿En serio te preocupas por eso? Yo en tu lugar no le dedicaría tiempo a estar pensando en tonterías.

Y a lo mejor si tú vivieras lo que esa persona vive no dormirías y estarías todo el día pensando una y otra vez en qué hacer.

Hoy, si me permites, quiero compartirte la mentira piadosa más comprometedora que he dicho y de la cual obviamente me avergüenzo pero en el fondo de mi corazón y por incongruente que sea, al mismo tiempo siento cierto orgullo. Reitero, no es mi afán promover la mentira pero esto que te comparto es real y agradezco a mi amiga Nora Lozano que me permita hacer pública esta anécdota de esperanza y mentira piadosa a la vez: Maylen nació el 5 de Abril del 2001. Hija de mi amiga y colega coach, Nora.

Me alegré inmensamente cuando me enteré del embarazo de una niña tan deseada por ella y su esposo pero nunca olvidaré la llamada que le realicé al hospital un día después del nacimiento de su bella hijita, cuando Nora me dio la noticia que le acababan de dar los médicos:

—César tengo sentimientos encontrados. Por un lado estoy feliz de que tengo por fin a mi adorada hija y por otro lado estoy muy angustiada por su futuro. Nació con Lipomielo... Lipo mielo.... no sé qué..

—Meningocele —completé yo la tan temida palabra para ella.

—Sí ieso! y los médicos me dicen que mi hija probablemente no va a caminar ni controlar sus necesidades fisiológicas nunca. Usará silla de ruedas de por vida —ella sollozaba al expresar su incertidumbre y dolor ante lo que a primera vista era irremediable.

—¿La van operar? —pregunté

—Sí, pero aún no sé cuándo.

—¡No te preocupes Nora! —atiné a decir. Mira, yo tengo un sobrino que tiene lo mismo y quiero decirte que no lo detenemos. Camina, corre, anda en bicicleta y es tremendo —eso que yo le decía era precisamente todo lo contrario a lo que los médicos le acababan de mencionar.

"En ese momento —me contó después Nora—, volví a sonreír y tomé como frase o decreto las siguientes palabras: *Si el sobrino de César pudo caminar y correr mi hija también lo hará.*"

La esperanza llegó y obvio su intuición femenina le hacía dudar de la veracidad de mis palabras, pero decía:

—Prefería quedarme con la duda para no disminuir la fe que tenía en esos momentos.

Ella luchó incansablemente por hacer que su hija caminara. Cuanto tratamiento de rehabilitación le indicaban lo hacía con esa gran esperanza de que si otro niño pudo, imi hija también podrá!

Después de siete cirugías la bella Maylen camina, corre, tiene control de sus necesidades fisiológicas, es una excelente hija, amiga, estudiante sobresaliente, miembro de varios grupos de la iglesia católica a la que asiste y con una bella y encantadora sonrisa que invita a no perder nunca la esperanza.

Ahora que pasa el tiempo y Nora me cuenta con detalle la mentira piadosa que utilicé para aumentar en ese momento su esperanza, me queda una sensación de satisfacción por el final feliz que tuvo esta bella historia; pero no deja de invadirme la sensación de error al haber utilizado una mentira de ésas, ya que gracias a Dios no tengo ningún sobrino que tenga algo similar. Por supuesto que el fin nunca justifica los medios y no olvidaré la vergüenza que sentí cuando, recientemente, Nora me preguntó con la bondad que la caracteriza: "¿Verdad que no tienes ningún familiar con lipo-mielomeningocele?" Y le contesté que no. Deseo que esta historia quede como testimonio de que cuando creemos —totalmente en alguien o en ti— de que algo bueno puede suceder, nos acercamos irremediablemente a eso.

Tristemente lo mismo ocurre en caso contrario. Cuando creemos firmemente que no hay nada que hacer, que no hay esperanza, las puertas se cierran y los milagros no ocurren, evitando que suceda lo inesperado.

"¡QUE LA ESPERANZA SEA LO ÚLTIMO QUE MUERA!" FRASE QUE QUIERO RECORDAR UNA Y OTRA VEZ CUANDO SE TRATA DE ESPERAR LO IMPOSIBLE. CREO EN EL PODER DE LA FE Y DESEO QUE TÚ TAMBIÉN CREAS EN ÉL.

Las mentiras, ¿tan malas como necesarias?

Imagina vivir en un mundo sin mentiras. En la bola de apuros que nos meteríamos; los minutos perdidos por no aho-

rrarnos las explicaciones; la cantidad de sensibilidades lastimadas al responder esas preguntas difíciles.

El investigador de la UNAM, Rafael Barrio, argumenta
que la sociabilidad es parte importante de una de las más
grandes invenciones no sólo de los humanos, sino de los
primates en general.

"Su cerebro puede manejar más relaciones entre sus pares con mentiras. Si uno fuera honesto todo el tiempo, sus
vínculos serían menores. Es como una técnica que se usa
para manejar más gente al mismo tiempo", afirma Barrio.

La mentira es tan natural que nos llega prácticamente
al bajar de la cuna. Jeremy Adam Smith, de la Universidad
de Berkeley, nos cuenta su desarrollo en el ser humano: a
los tres años, los niños desarrollan la habilidad de mentir; a
los cinco, casi todos lo hacen para evitar castigos o tareas;
de los siete a los once, comienzan a mentir para proteger a
otras personas o hacerlos sentir mejor (y, de paso, empie-
zan a considerar que las mentiras pro sociales se justifican).

El lado amable

El investigador mexicano que te mencioné, Rafael Barrio,
encabezó una investigación internacional para ver los efectos de la mentira en las comunidades y las redes sociales.

Los resultados arrojaron que las mentiras "blancas",
pro sociales o piadosas —en las que faltar a la verdad es en
beneficio del otro— equilibran las redes sociales, unen a la
sociedad y ayudan a mantener relaciones sociales amplias.
Por otro lado, las "negras" o antisociales —egoístas y útiles
únicamente para el que miente— fomentan la desconfianza
y, por tanto, lastiman las relaciones sociales.

El investigador Jeremy Adam Smith cita una serie de
cuatro estudios realizados en 2015 por la Escuela de Whar-
ton en los que tenían parte diferentes tipos de confianza y
engaño. Ahí se descubrió que, mientras las mentiras negativas lastimaban la confianza entre los participantes, el engaño de naturaleza altruista la fortalecía.

En pocas palabras, la evidencia actual apunta a dos cosas: la mentira parece ser parte de nuestra condición humana y, sin embargo, no significa que sea mala. Si la motivación que nos mueve se hermana con la empatía y la compasión, la mentira puede tener resultados positivos. "A veces, mentir puede revelar lo mejor de las personas", concluye Smith.

Diferentes razones

Paul Ekman, investigador de la Universidad de California, en San Francisco, realizó a partir de sus muchas investigaciones una clasificación de las nueve razones más comunes por las que niños y adultos mentimos:

1   Evitar algún castigo.
2   Obtener una recompensa.
3   Proteger a otros de recibir algún castigo.
4   Protegernos del riesgo de recibir daño físico.
5   Ganarse la admiración de los demás.
6   Escapar de una situación social incómoda.
7   Evitar vergüenzas.
8   Mantener asuntos privados en secreto.
9   Ejercer poder sobre los demás.

Ya vimos que hay de mentiras a mentiras. Cuando se da con la buena intención de proteger a los demás, mentir puede ser la elección más correcta y compasiva. Pero ojo: no nos engañemos con esto de la "bondad" de las mentiras blancas para retorcer los hechos, hacerlos embonar con nuestras malas intenciones y disfrazarlos de una falsa virtud. Muchas veces nos vendemos cualquier historia para justificar lo injustificable, ¡aguas!

Lo podemos ver cuando mentimos por venganza. Mentimos apretando los dientes y diciendo hacia dentro "él se lo ganó", cuando en el fondo combatir fuego con fuego no era la mejor respuesta.

Así que nos debemos un ejercicio mental. Dar un paso atrás y antes de siquiera plantearnos mentir como herramienta para procurar un bien, ser honestos con nosotros, conocer nuestros trucos, nuestras motivaciones, nuestras debilidades, y aumentar nuestro compromiso con la verdad.

Porque cuando mentimos abrigando intenciones egoístas, vanas o maliciosas, no sólo cargamos con el peso moral de nuestra conciencia, también con el de la congruencia, ¡toda la gimnasia mental que necesitamos para encubrir la mentira!

De la impunidad a la facilidad

Aunque sea conveniente en muchas circunstancias, la realidad es que ese acto sigue teniendo una muy mala reputación. Así que, ¿qué otras razones lo hacen persistir?

Una de ellas es que no siempre hay consecuencias. Mentimos porque casi siempre nos salimos con la nuestra. Y es que como detectores de mentiras moriríamos de hambre.

Paul Ekman nos dice que los humanos somos muy malos para notar cuando alguien nos miente. Este resultado es muy inferior al del 85% de éxito que tienen los sistemas de reconocimiento de conducta desarrollados por estos científicos.

Ekman explica que somos malos en esto por la forma en que fijamos nuestra atención al interactuar con los demás, o sea que atendemos mucho el contenido de lo que se dice y casi nada las formas de expresión con que se hace. Esto nos lleva a lo siguiente: somos pésimos para leer el lenguaje corporal del mentiroso.

Según un estudio de la Universidad de London College, mentimos también por costumbre. En el estudio pusieron a 80 personas a mentirles a otras sobre la cantidad de monedas en un jarrón. Conforme engañaban más y más al resto para su propio beneficio, las amígdalas —las zonas del cerebro que regulan nuestras emociones— se activaban menos y menos.

"Si alguien miente repetidamente, ya no recibe una respuesta emocional al hacerlo. En la ausencia de esta respuesta emocional, las personas se sienten más cómodas y mienten más", dice Tali Sharot, uno de los investigadores.

EN OTRAS PALABRAS, AL INICIO LE SOMOS FIELES A LA VERDAD PORQUE TEMEMOS A LAS REPRIMENDAS, PERO CON LA REITERACIÓN DE LA MENTIRA NUESTRO CEREBRO EMOCIONAL LA NORMALIZA Y DEJA DE PERCIBIRLA CON TANTO CUIDADO. AQUELLAS CUERDAS MORALES QUE NOS MANTIENEN EN CINTURA SE AFLOJAN HASTA QUE SE SUELTAN Y HACEMOS LO QUE QUEREMOS POR COSTUMBRE.

En conclusión, como en la clásica cantaleta del "se me hizo fácil" que utilizan los delincuentes, en efecto, mentir se nos vuelve cada vez más fácil.

De tal palo tal mentira

Si la mentira es tan terca que pervive en todas las sociedades, en todas las épocas, ¿acaso es porque pasamos la estafeta de generación en generación? Chelsea Hays y Leslie Carver, investigadoras de la Universidad de California, en San Diego, hicieron un experimento para medir un fenómeno que nos puede dar pistas sobre esto.

En él, adultos convivían con niños de tres a siete años mientras de un lugar cercano se emitían sonidos conocidos de juguetes populares. Luego, un sonido no reconocible instigaba la curiosidad de los niños por saber de qué juguete se trataba. Justo en ese momento, los adultos salían de la habitación con la excusa de tener que tomar una llamada pero les dejaban a los niños la instrucción de que no se asomaran para descubrir el misterio.

Los niños, fueron grabados mientras estaban a solas, tenían la posibilidad de admitir que lo vieron o bien mantenerlo en secreto, con una mentira. Todo esto con un pequeño detalle previo: en un experimento minutos antes, los adultos les habían mentido a algunos de esos niños (diciéndoles que en un lugar había dulces cuando en realidad no); el resto de ellos no había sido víctima de tal mentira.

Resulta que aquellos niños en edad de escuela primaria a los que se les había mentido con anterioridad eran más propensos, a su vez, a cometer ambos tipos de pecado: la desobediencia de haber buscado los juguetes y la deshonestidad de no confesar que lo hicieron.

Los científicos comprobaron que un niño es más propenso a adoptar o imitar un comportamiento de una persona de estatus más alto (por la edad, por ejemplo). Ahí no queda la cosa: dado que no sólo fueron deshonestos, sino también tramposos, los científicos especulan que no se trata de una imitación mecánica como si fuera el reflejo de un espejo; se trata de algo mayor en tanto que los niños cambiaron su juicio y comportamiento moral de forma más general.

Para Carver y Hays esto tiene implicaciones para los padres de familia, cuya mayoría acepta utilizar la mentira como herramienta para lidiar con sus hijos en ciertas circunstancias y que, sin embargo, tratan de inculcarle a sus hijos el valor de la honestidad.

"Las acciones de los padres de familia sugieren que no creen que las mentiras que les dicen a sus niños vayan a impactar en la honestidad de ellos. El presente estudio nos hace dudar sobre eso", declaran.

Los humanos aprendemos por imitación, somos modelos a seguir y tenemos la responsabilidad de predicar con el ejemplo en la medida de lo posible.

El acto de mentir no es bueno ni malo en sí. Depende mucho del contexto. Muchas personas lo hicieron durante el régimen nazi para proteger la vida de miles de judíos. El mismísimo Papa Francisco (en aquel entonces un humilde sacerdote llamado Jorge Bergoglio) mintió sobre la identidad y la ubicación de hombres perseguidos para salvarlos de las garras de la dictadura.

Y, sin embargo, la mentira sigue siendo indeseable. Creo firmemente que son las circunstancias las que nos deben orillar a utilizarla como un recurso, pero nunca una voluntad de mentir por mentir, mucho menos de mentir para herir. Así que lo más conveniente es:

— Aspirar a ser un ejemplo de virtud para los que nos rodean.
— Evitar caer en el círculo vicioso de la mentira.
— Evaluar nuestra motivación y los posibles resultados, antes de mentir.
— Mentir sólo en caso de que nuestra motivación sea bienintencionada y resulte en más bien que mal.

La honestidad es un bien necesario y la mentira es un mal necesario, pero lo de necesario debe ser cuestionado siempre. Pregúntate cada vez: ¿Es realmente necesario mentir en esta ocasión?

¿Qué prefieres? Verdad sutil o mentira piadosa
Cuando la sinceridad duele

Te platico de dos amigas que admiro y quiero: Carla Estrada y Judith Grace.

Inicio con Carla Estrada. Una mujer que hace de su trabajo un arte, es productora en una importante empresa de televisión.

Aunque su puesto le exige mucho tiempo y sus responsabilidades son agobiantes, procura mantener esa chispa de motivación diariamente, además de su eterna sonrisa y su incomparable sentido del humor.

Platicando con tres personas que tienen años de trabajar con ella se expresan de esta forma: "Es una mujer que siempre sabe lo que quiere, con visión a futuro, sumamente estricta, disciplinada y, sobre todo, cuando no le gusta algo, siempre te lo dice aunque en algunas ocasiones duela. Por ejemplo, una vez le propusieron un diseño y esto pasó:

—Carla, hice este diseño, estoy seguro que te va a encantar—. Lo ve, lo analiza, lo re-lee, pregunta lo que debe preguntar y al final dice:

—¿Sabes qué? No me gusta. No creo que sea del agrado del público. ¿Podría ver otra opción?

—¡Claro! Te la traigo mañana...

En otra ocasión se acercaron a saludarla:

—Carla, ¡qué gusto verte! ¿Te acuerdas de mí?

—Hola, no, no sé quién eres. Recuérdame, ¿sí?

—¿No me recuerdas? ¿Pero cómo, de veras no te acuerdas de mí? Trabajamos juntas hace tres años en la producción de una telenovela.

—Perdón, pero no me acuerdo—, lo dice con una sonrisa cautivadora, y con algo de pena por no recordar. Y es entendible por la gran cantidad de personas que trata y no puede recordar a tanta gente que en algún momento de su vida convivió con ella.

Y ni se diga cuando se trata de señalar los errores, utiliza la asertividad para expresarlo y siempre con una propuesta de mejora.

"No es fácil", me dijo en una ocasión. "A veces no puedo controlar las ganas de decir lo que siento, pero aplicando siempre las buenas formas y el respeto. ¡No siempre puedo! Pero te prometo que lo intento."

Te cuento ahora de Judith Grace, mi amiga desde hace más de 20 años, ex vecina y otra mujer que ha triunfado en lo que ha trabajado, incluyendo la formación de una familia.

Un día, mientras platicábamos animadamente en un aeropuerto en el que coincidimos por motivos de trabajo, llegó de pronto un hombre a saludarla muy animado, con una sonrisa de oreja a oreja.

—Hola, ¿cómo estás? ¡Qué gusto verte tan guapa como siempre!—. Y a mí me saludó con la misma actitud, como si me conociera.

Hacer sentir mal a quien llega con un halago de esa magnitud, es prácticamente imposible. Entonces mi amiga, con una bella sonrisa le preguntó:

—Disculpa, ¿quién eres?

—Estás bromeando, ¿verdad?—, replicó el hombre.

—No la verdad no. Lo que pasa es que no te recuerdo, creo que nunca te había visto.

—¡Soy Fernando! Nos conocimos hace tres semanas en la casa de Arturo, el papá de la novia de tu hijito.

—¿Arturo? ¿Qué Arturo?

Y yo, como queriendo amortiguar la penosa situación, dije:

—Arturo, el papá de la novia de tu hijo, Judith.

—No, yo no conozco a ningún Arturo y tampoco a ti. Perdón —le dijo tímidamente—. Y mi hijo no tiene novia en este momento.

—Iban tú y tu marido—, le dijo señalándome.

—¡Yo no soy su marido!—, aclaré.

—Perdón —dijo—. ¿No eres Alma, la esposa de César?

—¡No! Las dos somos güeras pero yo mido veinte centímetros más que ella—, comentario que la verdad venía sobrando y no sé cómo lo tomará mi adorada güerita cuando lea esto.

—No, yo soy Judith, amiga de César desde hace muchos años.

—¡Ay perdón! —dijo con una pena enorme.

—¡Ah! ya sé quién eres —dije—. Eres el hermano de la novia de mi hijito.

¡Exacto! Qué pena —me dijo. En serio que de repente pensé que era tu esposa.

Yo sé que es un ejemplo que podría considerarse simple pero creo que en ese momento, cuando no había aprendido de Carla y de Judith la lección de que vale más una verdad sutil que una mentira piadosa, yo le hubiera seguido la corriente saludándolo igual como si me acordara o recordara lejanamente quién es, sólo para no hacerlo sentir mal.

Pero estoy convencido de que la mentira —incluso las piadosas– duran hasta que la verdad no llega.

Imagínate que Judith le hubiera seguido la corriente como si lo recordara y al final el hombre hubiera dicho: "Me dio gusto verlos a los dos. ¡Saludos a sus hijos César y Almita!, que por cierto ¡están enormes!"

CONCLUYO QUE VALE MÁS UNA VERDAD SUTIL QUE UNA MENTIRA PIADOSA PARA SALVAR UNA SITUACIÓN QUE, SINCERAMENTE, SE ARREGLA CON TU DOSIS DE VERDAD.

De ambas aprendí que, aunque en ocasiones duela, es mejor decir:

— "Discúlpame, no me acuerdo."
— "Quisiera, pero no puedo ir."
— "No, la verdad no me gusta."
— "Claro que vi tu gran esfuerzo, pero no es lo que quería."

Cada año tengo que renovar mi promesa de mejor decir la verdad cuando no me acuerdo de alguien, ¡y mira que me ha costado mucho!

No tengo buena memoria para recordar todos los rostros y nombres de tanta gente que amablemente me saluda y con tanto gusto.

Reconozco que no soy de las personas que tienen la gran capacidad de recordar con facilidad a la gente que han tratado. Es mejor reconocerlo que complicarlo.

LAS REDES SOCIALES Y EL "QUÉ DIRÁN"

No puede ser que tenga una vida tan miserable. Me siento sola, fea y vieja."

"

Mucha gente podría expresar tales palabras hirientes hacia su persona pero tal afirmación tiene más peso cuando la dice una joven de tan sólo 19 años.

Y no estoy exagerando porque este trabajo que tengo como conferencista en tantos países me ha dado la gran oportunidad de escuchar testimonios de quienes amablemente se acercan a mí para pedirme la dedicatoria de uno de mis libros o simplemente para saludarme.

En la sala de espera de un aeropuerto sentí la mirada penetrante de una chica de complexión robusta, con cabello negro, recogido y sin nada de maquillaje. Se encontraba sentada exactamente frente a mí. Al verla agachó su cabeza para ver su celular y deslizaba con gran agilidad su dedo índice sobre la pantalla. Los minutos pasaron y no dejaba de ver, sin escribir nada, como buscando incesantemente algo.

Yo seguí leyendo *La sombra del viento,* un libro de uno de mis autores favoritos, Carlos Ruiz Zafón.

Después de unos minutos volteé a ver a la joven y seguía con la misma actitud apática deslizando de un lado a otro sus dedos sobre la pantalla. Agrandando y disminuyendo con sus dedos fotografías que se encontraba. Reitero, soy observador, no "víbora", dos términos totalmente diferentes y más observador me hago cuando escribo un nuevo libro buscando historias dignas de compartir —no chismear.

En una de esas levantadas de cabeza, me preguntó si soy el que "sale en la tele". Me dijo que su mamá y su abuelita son "mega fans" —así lo dijo. Digamos que a la edad que tengo ya me acostumbré a que cuando las mujeres jóvenes me piden fotografías obviamente no son para ellas, son para las mamás, abuelas, bisabuelas y tías de *cierta edad* que siguen mis pasos desde hace mucho, mucho tiempo.

Aunque me alegra expresarte que cada vez me adentro más al terreno de los adolescentes y jóvenes deseosos de buscar información que les ayude a sobrellevar las crisis que viven, que son más comunes de lo que imaginamos.

Después de la foto, me dice con absoluta seriedad que ¿cómo le hace una para dejar de sentirse fea, vieja y miserable?

—¿WHAT? ¿Qué dijiste? ¿Cómo le hace quién? ¿Estás hablando de ti? —pregunté con asombro e incredulidad.

—Sí, ¿pues de quién más?

—Tengo tan pocas amigas —dijo—, y creo que soy la que menos tiene de mi escuela. En mi casa, mi mamá no me entiende y quiero decirle que hace 6 meses estuve investigando en el internet cómo quitarme la vida sin que me doliera.

Como el vuelo estaba retrasado una hora, para variar, tuve la oportunidad de preguntar más sobre su situación.

Su novio había terminado la relación que llevaban de 1 año y lo hizo a través del WhatsApp.

—¡No tuvo los pantalones para verme a los ojos y decirme sus razones! Yo le he hablado dos veces para aclarar nuestra situación y regresar, pero no contesta mis mensajes y me deja en *visto*.

Yo siempre entendí que cuando alguien dice *le he hablado* significa entablar una conversación verbal, pero como sabrás en el nuevo lenguaje tecnológico se refiere a mensajes escritos.

—¿Cuál crees que es la razón por la que te mandó a volar? —pregunté.

—Yo creo —dijo— que es porque soy *algo* celosa. No me gusta que le de *likes* a fotos de mujeres que se nota que le avientan el calzón. Además, me choca que no me conteste los mensajes y no me dé la clave de su celular. Doctor, ¿verdad que cuando hay amor verdadero no tenemos por qué ocultar nada, incluyendo la clave del celular?

Y seguía hablando sin parar, antes de que pudiera contestar a sus preguntas que me hacía repentinamente dentro de la letanía de agravios inmerecidos que había recibido.

—Me siento fea porque cuando publico fotos no tengo tantos likes como otras amigas.

Él publica fotos y todas las viejas le ponen un *chorro* de *likes.* Yo no era gorda, pero desde hace 5 meses como más y todo me engorda. Mi mamá dice que es por ansiosa. Ya estoy harta y no creo que pueda más —dijo esto con lágrimas en sus ojos.

Es obvio que este tipo de escenas me conmueven mucho y más por tratarse de alguien que tiene todo, salud, juventud, vida y que esa vida la está convirtiendo en algo meramente virtual.

Durante la plática con ella, te comparto en forma resumida lo más relevante que descubrí:

— Checa su celular muchísimas veces al día. No supo decirme cuántas. Pero dijo "cuantas veces pueda".
— Revisa absolutamente todas las publicaciones de su novio o bueno, mejor dicho, ex novio, y verifica a quién le da *like.*

— Revisa los perfiles de las personas que su novio le da *like* para ver quiénes son.

— Cuenta los *likes* que le dan a ella y los compara con las de sus amigas y amigos.

— Ella expresa claramente que todas sus amigas y amigos llevan una vida mucho más feliz que la de ella, me imagino que concluye eso porque cada quien pone lo mejor en sus redes.

Espero que mis recomendaciones no hayan sido tiradas en saco roto, al recordarle a esa joven todo lo que tiene por agradecer. Que nada ni nadie merece que nos quitemos la vida y mucho menos por una relación basada en suposiciones.

Por supuesto le aclaré que se vale tener privacidad en las redes sociales y claro que si alguno de la pareja no quiere dar sus contraseñas es porque no quiere y punto, lo cual obvio ha sido motivo de múltiples rupturas amorosas.

¿Cuántos estarán viviendo esta triste realidad?

Y quiero expresar que esto no es sólo entre los jóvenes, también pasa entre adultos que cada día no pueden dominar el impulso de ver compulsivamente sus redes sociales y las redes de los demás, sin evitar las odiosas comparaciones.

Se dice que son más de 20 millones de divorcios los que han tenido algo que ver con Facebook.

Es grande la incertidumbre que viven mujeres y hombres por las horas y horas que sus parejas pasan conectadas sin saber con quién o por qué.

También la facilidad con la que se puede caer en la tentación de entablar conversaciones con extraños por sentir soledad y una gran necesidad de tener más amigos.

Por supuesto que amo la era de la comunicación que estamos viviendo, pero si no nos controlamos, sufriremos sus terribles consecuencias.

Y no quiero irme tan lejos al hablar de casos de personas que conozco o se han acercado a mí para compartirme una y otra vez historias similares.

Te hablo un poco de mi familia. Mi esposa y mis dos hijos, estudiantes a nivel profesional. Procuramos comer todos juntos entre semana, pero por motivos laborales míos o las clases de ellos no siempre es posible.

"¡Te conectas por favor!" Les digo cuando los sorprendo viendo su celular o contestando mensajes de personas que no fueron invitados a la mesa. Sé que se escucha contraproducente decir: ¡*te conectas*! Pero yo me refiero a que se conecten conmigo, no con cientos de amigos y conocidos que tienen al alcance de un *click*.

Los domingos, busco la forma de que sigamos cumpliendo con una tradición que espero sea para siempre.

Salir a comer juntos pero el celular no es invitado. Se quita de la mesa o mínimo se pone con la pantalla hacia abajo.

Quiero ser sincero contigo, no es fácil; ha sido causa de algunas discusiones que terminan en enojo por parte de mis hijos o incluso de mi esposa. Y por supuesto, yo también he caído en la tentación de ver los mensajes que me llegan y contestarlos al instante.

También he sentido la ansiedad al no encontrar mi celular, situación que ya está codificada como uno de los signos y síntomas de adicción a la tecnología.

¿Qué tanto es tantito? La sobre exposición al mundo virtual

Quiero decirte que no es mi afán satanizar todos los grandes descubrimientos que hemos tenido en los últimos años.

Quienes tenemos cierta edad, por no decir que no nos cocemos al primer hervor, sabemos que en los últimos 20 años hemos avanzando en comunicación a pasos agigantados.

Para nuestros hijos y quienes tengan nietos, es tan natural conectarse al instante con quien se encuentra del otro lado del mundo, enviar fotografías, videos y hasta sostener un romance con quien jamás imaginamos, desafortunadamente con los peligros que conlleva, incluyendo la suplantación de identidad, el *bullying*, la pedofilia y el tráfico de personas.

Independientemente de esto quiero manifestarte dos escenarios que ejemplifican mi sentir:

Un restaurante en la Ciudad de México. Comiendo solo, y por consecuencia, con la posibilidad de observar y analizar lo que ocurre a mi alrededor, no dije "viborear", que conste, aunque bien podría adjudicarse ese término.

En la mesa de al lado, una niña de 5 o 6 años acompañada a cada lado de su padre y su madre.

La cara hermosa de la pequeña, con ese brillo especial en sus ojitos platicando primero a su mamá que su maestra le había dicho algo, no entendí qué, pero se le veía cierto orgullo en su carita. Silencio... no hay respuesta de la madre, quien se encontraba absorta viendo fijamente la pantalla de su celular deslizando su dedo índice de abajo hacia arriba. Su papá, apoyando los codos en la mesa, acto que era considerado una falta de respeto al comer y que ahora hay que incluirlo también al estar con el celular con personas que consideramos importantes.

El hombre ido, viendo la pantalla de su celular y de repente tecleando algo.

La niña voltea inocentemente a ver la cara de su papá y le pregunta algo. Silencio... distracción... vale madrismo.

Me dolió tanto la escena que volteo y le aplaudo a la niña su comentario con una amplia sonrisa en mi rostro. Por supuesto que los dos voltearon a verme con una cara entre asombro, enojo y un "¿quién eres?"

—Disculpe que me meta pero la niña les acaba de decir algo que le dijo su maestra y le da mucho gusto.

—¿En serio preciosa? ¿Cuándo le dijiste eso al señor?

—No señora, se los dijo a ustedes en dos ocasiones pero no la escucharon.

Mi esposa me ha dicho en varias ocasiones que no me meta en lo que no me importa, pero este tipo de situaciones, al igual que cuando veo que la gente tira basura en la calle sin remordimiento, hacen que olvide todas las recomendaciones que hago en mis conferencias sobre inteligencia emocional.

Las redes sociales son un aparador de mentiras. Sonreímos y vestimos nuestras mejores prendas para vender nuestra mejor cara. Los demás hacen lo propio y nos ofertan una fina selección de su vida.

El asunto es que las formas en que vendemos y compramos las vidas de propios y extraños no siempre son redituables para nuestra salud mental. Digamos que a veces damos cambio de más o resentimos los precios del mercado.

Somos morbosos por naturaleza: nos encanta echar un vistazo a lo que hacen los demás. También somos egocéntricos por naturaleza: somos expertos en asociar todo lo que pasa en el mundo con nosotros. ¿En qué resulta este combo cuando tenemos herramientas que lo elevan a la máxima potencia?

A continuación daremos un *tour* por los efectos psicológicos de utilizar redes sociales, no para destruir nuestros celulares y volver a la Edad de Piedra, sino para fomentar un uso más consciente y enriquecedor de ellos. Porque la tecnología no es buena ni mala en sí; es sólo una herramienta y ya depende de nosotros si la tomamos por el filo o por el mango.

Del uso al abuso

No es sólo un decir aquello de que los millennials y los niños de las siguientes generaciones (ya vamos en la Generación Z, por si ya perdiste la cuenta) son nativos digitales.

Según datos de la Unicef, en los países en vías de desarrollo el número de jóvenes en internet supera por el doble o hasta el triple al del resto de la población.

Empecemos con algo tan básico como nuestras formas de convivencia. El mismo reporte de la Unicef informa que

seis de cada diez adolescentes considera importante conocer nuevas personas por internet.

Esta estadística le producirá un shock a uno que otro
lector veterano, pero antes de pegar el grito en el cielo, entendamos que, por el lado amable, las comunidades en línea
bien entendidas presentan oportunidades sin precedentes
para nuestro desarrollo social y el de nuestros hijos, pues
nos permiten entablar conversaciones con personas con intereses muy similares a los nuestros.

Dicho esto, sí vale la pena mantenernos en vigilancia
de las amenazas. La Unicef también revela que 80% de los
jóvenes encuestados a nivel mundial piensa que los niños
y adolescentes corren peligro de sufrir abusos sexuales o
engaños en línea, mientras que 50% cree que sus amigos
se comportan de manera muy riesgosa en sus interacciones en la red.

Estos riesgos sí pueden traducirse en consecuencias. En
un estudio sobre depredadores en internet, investigadores
de la Universidad de New Hampshire descubrieron que entre más conductas de riesgo adopte un adolescente (con
gente desconocida, hablar sobre sexo con extraños o ser
hostil en foros, etcétera) más posibilidades tiene de convertirse en víctima de un abuso.

> Según estudios, si un adolescente incurre en con-
> ductas de riesgo en internet es hasta 11 veces más
> propenso a sufrir un abuso o ser acosado.

¿Qué podemos hacer? No hay necesidad de implementar una
ley de prohibición absoluta en casa. Tus hijos no sólo te guar-
darán resentimiento; también terminarán por rebelarse y las
utilizarán con más atrevimiento cuando estén fuera de tu radar.

Edúcalos desde pequeños y háblales en términos de riesgo-beneficio. Fomenta que se cuestionen: "¿Qué ganaré haciendo esto?, ¿de verdad es tanta la recompensa como para comportarme así?"

Independientemente de que haya más gente buena que mala en el mundo, el hecho es que la anonimidad propia del internet lo convierte en el refugio perfecto de acosadores, estafadores y gente abusiva. En otras palabras, debemos dejar la confianza para nuestros seres queridos en el mundo real y, en cambio, aplicar una sana dosis de desconfianza con los desconocidos en el virtual.

Un problema de adicción

En la Universidad de California, en Los Ángeles, escanearon los cerebros de varios adolescentes para medir los efectos del uso de redes sociales. Encontraron que los mismos circuitos neuronales que se activan al comer chocolate o ganar la lotería entran en juego en el cerebro de los adolescentes cuando ven grandes cantidades de *likes* (o de "me gusta", en español) en sus fotografías.

Es normal, las recompensas hormonales que nos da nuestro organismo provocan que persigamos el placer. Esta ventaja nos ha permitido llegar hasta aquí como especie. Sin embargo, lo peligroso de su manifestación en redes sociales es su omnipresencia y fácil acceso. Esto produce que sintamos esa incesante comezón por voltear a ver nuestras múltiples pantallas.

Y la pesca de *likes* no sólo implica lanzar el anzuelo de una publicación para ver si alguien pica con una que otra reacción. También conlleva una ansiedad por lograr una buena pesca. Es por eso que cada sonido de notificación en el celular nos pinta una sonrisa: "¡Alguien me aprecia!", y acto seguido nuestro cerebro descarga un coctel hormonal que nos deja extasiados.

Pero ¿cómo rompemos el ciclo? El cerebro humano se compone de varias secciones pero, a fin de simplificar, digamos que nuestro lado "más animal" es el que busca el placer compulsivamente mientras otra sección, más moderna en términos evolutivos, nos permite reflexionar y domar hasta cierto punto al animal que llevamos dentro.

Y esa es la clave. La decisión de ponernos a dieta e ir al gimnasio se la debemos a nuestro cerebro más racional. Podemos replicar esto mismo con nuestro comportamiento en línea. Aunque nuestras manos parecen tener vida propia para alcanzar la hamburguesa o el celular, es posible ponernos en cintura, procurar poco a poco hábitos más sanos y cosechar mejores resultados a corto y largo plazo.

Sólo necesitamos echar mano de la fuerza de voluntad, esa vieja amiga que a veces descuidamos en el ajetreo cotidiano.

¿Qué tan grave es la adicción? Las revelaciones de un día sin internet

La Universidad de Maryland realizó un estudio tan curioso como interesante: hizo que mil estudiantes, en diez países de los cinco continentes, se abstuvieran de usar cualquier medio de comunicación durante un día. Tras 24 horas de abstinencia, los estudiantes relataron su experiencia. Estos son algunos de los principales hallazgos:

— Los estudiantes mostraron síntomas de síndrome de abstinencia similares a los ocurridos con drogas y emplearon el término "adicción" para hablar sobre su dependencia. "Me moría de ganas por usar el teléfono, me sentía como un drogadicto sin su droga" y "en algunos momentos me sentí como si estuviera muerto", afirmaron dos estudiantes.

- La mayoría admitió haber fracasado en su intento por mantener sus dispositivos apagados. "Después de esto, ¡no puedo vivir sin los medios de comunicación! Necesito tener siempre conmigo mis redes sociales, mi celular, mi Mac, mi mp3", declaró una joven.
- Informaron que sus dispositivos, en particular sus teléfonos celulares, se han convertido literalmente en parte de sus cuerpos y sus identidades. Un estudiante mexicano comentó: "Fue una sorpresa desagradable darme cuenta de que vivo en un estado de distracción constante, como si mi vida real y mi vida virtual coexistiesen en diferentes planos, pero en tiempo real."
- Relataron que conectarse las 24 horas del día no sólo es un hábito, sino algo fundamental para la manera en que establecen y manejan tanto sus relaciones de amistad como su vida social.
- Para muchos, ese día de desconexión develó la cortina tras la que ocultaban su soledad. "Cuando no pude comunicarme con mis amigos, me sentí muy solo, como dentro de una jaula pequeña en una isla", reza un testimonio.

Tras los pasos de la manada

Decirle a alguien que es un "borrego" será interpretado como un horrible insulto. A todos nos gusta ser únicos, diferentes al resto del rebaño, más si se trata de adolescentes cuyo espíritu de competencia es rampante.

Sin embargo, ¿qué tanto seguimos a la manada en las redes sociales? Mucho. El mismo estudio de la Universidad de California en Los Ángeles descubrió que abunda el llamado "efecto de conformidad", en el que los adolescentes son más propensos a dar *click* a los contenidos si éstos tienen más *likes*. Por lo tanto, tienden a creer que, entre más gustada sea una foto, mejor será.

Los científicos ven en esto un arma de dos filos. Si nosotros o nuestros hijos depuramos nuestras redes para seguir a personas con influencia positiva, esto puede redundar en un círculo virtuoso. Por el contrario, si seguimos a puro barbaján, mala leche, de esos que disfrutan aventar odio a cuanta publicación ven, eso se volvería rápidamente un círculo vicioso.

Esto nos deja una clara enseñanza: "Dime a quién sigues en línea y te diré quién eres."

Por último, también podemos educarnos para ser críticos con la información que tenemos. En internet abundan contenidos falsos y malinformantes. Sabemos que la popularidad no es sinónimo de verdad, sobre todo si caemos en algo tan serio como diagnosticarnos enfermedades en vez de consultar al médico.

¿Las redes nos deprimen?

Investigaciones de la Escuela de Medicina de la Universidad de Pittsburgh descubrieron que entre más tiempo invierten los jóvenes adultos en sus redes sociales, más posibilidades tienen de sufrir depresión. De los casi 2 000 jóvenes estadounidenses estudiados, aquellos que revisaban con más frecuencia sus redes eran 2.7 veces más propensos a estar deprimidos.

Otro estudio de la misma universidad develó que la cantidad también importa: aquellos adolescentes que utilizan de siete a once plataformas sociales demostraron tener el triple de probabilidades de sufrir depresión.

¿Qué tienen las redes que son un potencial caldo de cultivo para algunos sentimientos negativos? Los expertos han documentado algunas variables:

— Caemos en comparaciones y nos sentimos menos. Como de nosotros conocemos los dos lados de la moneda y de los demás sólo el más brillante, suponemos que nuestra vida palidece en comparación.

— Tenemos miedo a perdernos de cosas. Conforme aumenta la información sobre el mundo y nuestros amigos, gracias a las redes, también se incrementa nuestro deseo de saber y estar en todo. Esto provoca que nos sintamos excluidos.

— Estamos ansiosos por contestar mensajes. Las redes sociales y los chats traen consigo una sensación de prisa y una obsesión por estar al día en nuestras distintas interacciones.

— Las expectativas insatisfechas nos orillan a sentirnos solos. Cuando no logramos cosechar los *likes* que esperábamos o el mensaje de esa persona tan querida, corremos el riesgo de sentirnos aislados.

— Fomentamos nuestro ego. En un estudio de la Universidad de Maryland algunos estudiantes que utilizaron su celular sólo unos minutos fueron menos propensos a ofrecerse como voluntarios o a participar en actividades caritativas.

Ante tal hemorragia sentimental nos preguntamos si de verdad hay un torniquete que la detenga. Te sugiero lo siguiente: repasa uno por uno los puntos anteriores y examina los sentimientos que despiertan. Nota cómo no son dignos de nuestro sufrimiento.

Para entenderlo observa cómo se basan en meros fantasmas e ilusiones. Y aquí la verdad es el mejor remedio contra el hechizo: la vida de los demás no es perfecta; estar en todo es como no estar en nada; los *likes* no son manifestaciones profundas de amor.

La consciencia es como una luz: entre más la arrojemos para alumbrar y develar las falsas expectativas de las redes, mayor claridad y libertad obtendremos en su uso.

Intoxicados por exceso de información

Cualquier usuario de Facebook sabrá que se expone a una cascada incesante de información. Además de recibir el copioso chorro de publicaciones, también somos presas de la variedad temática: con cada avance puedes ir de la foto de un gatito a un video sobre auroras boreales y brincar de inmediato al chisme más reciente del vecindario. Ya ni hablar de cómo saltamos del Facebook al Twitter y del Twitter al correo electrónico.

El problema es que, a pesar de miles de años de evolución, nuestro cerebro sigue siendo más o menos el mismo que el de nuestros antepasados. Los cavernícolas se alineaban mucho más con la naturaleza humana original, al atender una cosa a la vez. Adelantamos el tiempo al siglo XXI y nos encontramos con muchas cabezas pasmadas por el frenesí de información.

EL FENÓMENO YA SE ESTUDIA MUCHO EN LAS UNIVERSIDADES. INCLUSO SE HAN ACUÑADO TÉRMINOS COMO "INFOXICACIÓN" O "SOBRECARGA DE INFORMACIÓN" PARA CALIFICAR LOS EFECTOS DE ESTA SOBREEXPOSICIÓN.

Investigadores de la Universidad de Humboldt, en Berlín, documentan cómo la sobrecarga de información mina la calidad de nuestro juicio. Se ha probado que este bombardeo de contenidos *tutti frutti* induce confusión, incapacidad para fijar prioridades y recordar información previa, así como estrés y ansiedad.

Las soluciones que los mismos participantes del estudio sugirieron se resumen en una palabra: selectividad. Mi consejo es hacer una selección más estricta de tus amistades, de las personas a las que sigues y de los contenidos que publican. Si tienes mil amigos y a todos les repartes clicks, buena suerte, ¡porque no te alcanzará la vida!

El cuerpo: ¿la víctima silenciosa?

Ya ahondamos en los efectos psicológicos de las redes sociales, pero ¿qué hay de los efectos físicos por el uso de los dispositivos cuando las revisamos? Éstos son algunos de ellos:

— Daños en la columna. Por las posturas antinaturales al usar el celular y la computadora, sufrimos de daños en la espina dorsal. Incluso ya se ha acuñado un término específico para el impacto de estas posturas en las cervicales: "cuello tecnológico".

— Enfermedades bacterianas. Un estudio de la Universidad de Arizona descubrió que un celular promedio tiene 10 veces más bacterias que un asiento de sanitario.

— Insomnio. La exposición a rayos de luz azul y verde interfiere con los patrones regulares de sueño.

— Afectaciones en la vista. La continua radiación de luz puede causar daños en la retina.

— Molestias en brazos y manos. El uso de computadoras y celulares puede causar dolor, calambres e inflamación en los tendones de dedos y muñecas, por ejemplo, túnel carpiano.

El decálogo del internauta

Sé que en este apartado te he dado razones para hundirte en el más profundo de los pesimismos.

Pero seamos realistas: privarnos a nosotros o a nuestros hijos de estos nuevos medios puede producir que el tiro salga por la culata: ser ermitaños digitales nos pone en desventaja en un mundo hiperconectado, y ya ni hablar de los malos actos en que puedan incurrir nuestros hijos lejos de nuestra supervisión.

Ahora seamos optimistas: hay hábitos y formas que pueden inducir un uso virtuoso de la tecnología. A continuación, te los sintetizo a manera de decálogo:

1 **Amarás al prójimo en línea.** Cultivarás relaciones positivas y utilizarás los medios sociales como un escalón para procurar relaciones más íntimas y enriquecedoras en el mundo real.

2 **No navegarás en vano.** Las redes sociales y el internet serán un medio, no un fin. Procurarás darle sentido a tu experiencia con objetivos específicos y te preguntarás: "¿Qué espero extraer de esto?"

3 **Buscarás la calidad.** Preferirás retomar contacto con algún amigo o aprender algo nuevo sobre otras cosas como chismear, sembrar la discordia o navegar inconscientemente.

4 **Honrarás tu salud.** Adoptarás buenas posturas, no navegarás tanto de noche, no revisarás tus redes como acto seguido a despertar por la mañana, no te sentarás todo el día, tomarás recesos, etcétera.

5 **No matarás tanto tiempo en redes sociales.** Limitarás tu cantidad de horas de navegación.

6 **No robarás tantas horas de tu vida real.** Huirás del sedentarismo, el aislamiento y el exceso de tu actividad en línea, además de que no sacrificarás tus relaciones sociales, rutinas de ejercicio y pasatiempos.

7 **No darás tantos testimonios.** No compartirás fotografías reveladoras ni publicarás información personal en redes y foros en línea.

8 **No codiciarás las vidas y los bienes ajenos.** Evitarás comparaciones: la existencia de los demás no es tan perfecta como aparentan sus estados de Facebook.

9 No cometerás actos impuros. Evitarás sitios de dudosa procedencia y no te convertirás en ese *troll* que se la pasa insultando al resto. Recuerda, todo regresará como bumerán.

10 No consentirás malos juicios. Cuestionarás la información que encuentres, revisarás bien tus fuentes y evitarás el pensamiento de manada.

Las polillas se aferran y chocan incesantemente contra los candiles de nuestras fachadas porque, por las noches, guían su viaje con la luz de la luna. Pierden el rumbo por confundir la luna con algo tan simple como un foco encendido y nunca reparan en el engaño que sufren buena parte de sus vidas.

Las redes sociales conllevan un riesgo similar si no las usamos con moderación y propósito. Nos encandilan tanto que nos ciegan sin saberlo. Se nos va la vida persiguiendo pequeños y fáciles estímulos, en vez de trazar un plan de vuelo con destino a una felicidad más plena e integral. Y tú, en tu vida, ¿apuntarás tan bajo como al candil o tan alto como a la luna?

¿HIJOS LIBRES O LIBERTINOS?

Se han ido agotando los tiempos de los hijos que le hablaban de "usted" a los padres y éstos contestaban con "¡Es así porque lo digo yo!" Las líneas entre los roles de los integrantes familiares se han difuminado. Y conste que no es queja porque el asunto tiene sus pros y sus contras.

Lo cierto es que en esta época de rápidas redefiniciones, los papás se quedan muchas veces con la cara de *"what?"* Titubean entre ser superiores o iguales; padres o amigos. Se preguntan qué tan gruesa es la piel de sus hijos antes de ponerles una regañiza, en ocasiones tragándose el enfado con el clásico conteo hasta 10, o hasta 30 o 40, 50...

Si algo alivia las dudas es el hecho de que el arte de la crianza no se guía por fórmulas concretas. Creo firmemente en incorporar lo mejor de todos los mundos posibles. En este capítulo ahondaremos en las advertencias y consejos de las voces autorizadas, a fin de lograr un mix que se adapte a los tiempos modernos sin caer en la anarquía.

Entre soltar y apretar

"Hijos tiranos, padres sometidos; pero hijos también sometidos a su propia tiranía que los toma de rehenes", escribe el psicólogo y autor argentino Alejandro Schujman. O hijos tiranos padres obedientes, como lo publicó acertadamente en su libro el doctor Jesús Amaya, académico e investigador de la Universidad de Monterrey.

Y el mensaje no debe pasar inadvertido. Así como tememos la tiranía de nuestros gobernantes en plena adultez, la de los niños es igual o peor. Ostentar el poder no sólo los hace tomar decisiones equivocadas por su falta de experiencia, sino que ante la ausencia de límites corren el riesgo de inventarse estándares irreales que les imposibiliten madurar a la larga.

Estos roles invertidos se deben a un fenómeno aún más general: la sobreprotección. Los padres no sólo renuncian a su autoridad por temor a lastimar a sus retoños, sino que expanden esto a todas las áreas de la vida.

Empecemos con esta pregunta: ¿Cuándo fue la última vez que viste en la calle a un grupo de niños menores de 12 años sin la compañía de un adulto? Estos encuentros se han vuelto más atípicos que los de aves exóticas, ¿no? Y es un fenómeno que ha crecido en todo el mundo. Por ejemplo, un estudio conducido en vecindarios de todo tipo (urbanos, suburbanos y rurales) en el Reino Unido reveló que, a principios de los años 70, 80% de los niños de tercer grado caminaban solos a la escuela; sin embargo, 20 años después, la cifra se redujo a sólo 9%. En el siglo XXI, el número es casi nulo, por supuesto.

Y entiendo que "el horno no está para bollos", como reza el dicho popular. En nuestros países latinoamericanos los asuntos de inseguridad no son menores, pero no quise dejar de mencionar el ejemplo para ilustrar el punto mayor: el de la llamada "crianza helicóptero".

Los padres helicóptero son aquellos que "vuelan" de forma incesante sobre la vida de sus hijos, sin perder de vista sus necesidades y sus deseos. Según muchos estudios, este tipo de crianza está vinculada con más altos índices de depresión, ansiedad y subdesarrollo cognitivo, desde la infancia hasta la juventud. Las huellas pueden durar toda una vida porque a la larga crea adultos dependientes y faltos de autonomía.

El mensaje que recibe un niño o adolescente cuyos padres lo sobreprotegen es claro:

1   Te amo muchísimo y eres lo más importante para mí.
2   No creo que seas capaz de valerte solo y por eso hago todo o pienso todo por ti. Por eso "los niños con padres sobreprotectores desarrollan menos competencias emocionales y a la larga son más inseguros", dice Silvia Álava, autora del libro *Queremos hijos felices*.

Mi hija es una desconsiderada

—Doctor César, ¿qué se hace cuando una hija es muy grosera y desconsiderada con su madre? Y además su madre lo único que ha hecho es darle amor, cuidados y lo necesario para que nada le falte.

Preguntó una señora de aproximadamente 40 años casi al finalizar una conferencia en Colima, México.

—¿Qué tipo de grosería señora y cuál es la edad de la hija?

—Pues es muy grosera. Le aventó a su mamá hoy la sopa caliente que con tanto amor le hice, perdón, —dijo —le hizo su mamá y le ocasionó una quemadura en su cuello y en uno de sus brazos —lo dijo señalándose su propio cuello y su brazo enrojecido.

—¿Sabe usted qué edad tiene esa hija?

—Tiene 14 años doctor.

Toda la gente en la sala hizo un sonido de asombro y rechazo ante lo que esta madre desesperada decía.

Al cuestionarle cuál fue la razón por la que la hija de esa señora había reaccionado de forma tan inaceptable contestó que fue porque no quería bajar de su recámara a la cocina a comer y ella abnegadamente le llevó el plato a su cuarto donde pasa horas y horas encerrada conectada a su celular.

—Señora y ¿quién le compra ropa a esa niña?

—Pues yo, ah no, perdón, su mamá —dijo con cara compungida.

—¿Quién le compró su celular y su computadora?

—Su mamá, doctor.

—¿Quién le compra los calzones a esa niña grosera?

Ya mejor no contestó nada, sólo agachó su cabeza con la presencia de algunas canas prematuras —me imagino recientes— por la mortificación que le ocasionaba la hija.

Mi respuesta fue directa y sin tapujos.

—Perdón por la comparación, señora, pero cuando alguien saca a pasear a un perro con su correa y ese perro se pone inquieto y quiere correr hacia un punto de riesgo, ¿qué se hace? —pregunté.

—Pues se le estira la correa para que vea quién manda —contestó alguien de la sala.

—Efectivamente. Se le jala la cuerda para que no haga lo que le dé su regalada gana. Señora bonita, hay que jalarle la cuerda a esa niña y quitarle beneficios que no valora. Siempre he creído que normalmente las únicas obligaciones que tienen los hijos es estudiar y respetar a su familia.

—Se debe castigar a esa niña —gritó una mujer al fondo de la sala.

—¿Castigar? Cuando uno castiga a un hijo, el malo de la película es uno. La palabra más adecuada para substituir la palabra castigo es "consecuencia". La consecuencia de tu lamentable acción es ésta... y se dice cuál es.

—¿Qué es lo que más valora esa hija? Su celular, su tablet, su computadora. No se valora lo que se tiene hasta que no está. Se guarda el celular por unos días para que valore tantos beneficios que obtiene sin pagar una cuota mínima de respeto.

—¡No!, ¡no! pobrecita... No lo aguantaría —dijo la misma mujer que, me imagino, o estoy seguro, es la madre.

"¿No aguantaría?", pensé, pero bien que aguanta ella esas faltas de respeto de parte de su hija.

Hay acciones inaceptables y una de ellas indiscutiblemente es la agresividad de un hijo hacia sus padres.

¿Qué tipo de futuro se visualiza en esa relación?

Si a sus 14 años es capaz de aventarle un plato de sopa caliente, ¿de qué más será capaz la susodicha?

El que calla otorga y al callar sin consecuencia una acción de esta magnitud estás otorgando el derecho a que lo siga realizando pero cada vez con mayor intensidad.

Todo inicia con faltas de respeto sutiles. Se ha confundido la palabra libertad con libertinaje.

La psicóloga y autora Madeline Levine define el problema de la sobreprotección como un problema contemporáneo. Mientras que antes los padres de familia se ocupaban de ganarse la vida, ahora han firmado para un nuevo empleo: el de ser papá y mamá de tiempo completo. "Vivimos en una sociedad niñocentrista", afirma Levine, enfatizando cómo los hijos se han vuelto objetos de nuestra obsesión.

¿Cómo saber si eres culpable? Según la psicóloga eres un padre helicóptero si te involucras en hacer lo que tu hijo puede hacer o lo que casi puede hacer, y cuando confundes sus necesidades con las tuyas, es decir, cuando intervienes motivado por tu propio ego.

El activista Joe Frost lo resume de forma brillante: "En el mundo real, la vida está llena de riesgos —financieros, físicos, emocionales, sociales— y tomar riesgos razonables es esencial para el desarrollo sano de los niños."

Podríamos decir que los riesgos y límites son como vacunas. Pequeñas dosis de problemas que duelen al inicio pero que protegen a la larga. La falta de exposición a riesgos es en sí uno de los riesgos más grandes para nuestros hijos, pues serán indiferentes a los retos y peligros que les depara el futuro. Asimismo, la ausencia de límites es en sí una de las limitantes más grandes, ya que no tendrán una idea correcta sobre los retos y peligros del porvenir.

Tras leer estas líneas, podemos vernos tentados a recurrir al extremo opuesto. Si ese ambiente esterilizado y libre de contingencias no trae consigo los mejores resultados, entonces sembremos uno lleno de dificultades y duros castigos para curtirlos desde pequeños, ¿cierto?

¡Falso! Pongamos de ejemplo una práctica que polariza los ánimos: las nalgadas. Aunque para algunos padres sea escandaloso y en mi relación con mis hijos jamás recurrí ni recomendé esa técnica, las pruebas nos dicen que, aun venido un poco a menos, sigue siendo un recurso empleado por la mayoría. Según cifras de la Unicef, 60% de los niños a nivel mundial recibe castigo físico de sus padres, y la mayoría en forma de nalgadas.

¿Qué tanto funcionan las nalgadas? Investigadores de las universidades de Texas y Michigan se dieron a la tarea de revisar la evidencia científica para desentrañar la respuesta. 99% de los casi 80 estudios que revisaron notó una asociación entre las nalgadas y un perjuicio para quienes las reciben. Producen en los niños efectos como agresividad, comportamiento antisocial, problemas mentales y de salud, merma de habilidades cognitivas y baja autoestima.

¿Dónde nos deja esto? Para aclarar los nubarrones de esta encrucijada recurramos a una valiosa distinción de Nancy Darling. Esta profesora de la universidad de Oberlin College tiende puentes entre los conceptos de disciplina y autoridad, por un lado, y de castigo y autoritarismo, por otro.

Explica que el estilo de crianza de autoridad se enfoca en enseñar y guiar a los niños. Por el contrario, los padres que adoptan el estilo de autoritarismo ejercen el control a través del poder y la coerción. Imponen su voluntad sobre los niños, sin considerar siquiera la opinión o capacidades de juicio de estos. Mientras que en el primero se concilia una disciplina con base en el diálogo, en el segundo se considera la obediencia a la autoridad como un valor importante.

La investigadora concluye que curiosamente los padres de autoridad tienden a ser más estrictos y consistentes que los autoritarios. Implantan un reglamento más corto pero lo aplican mejor. Y aunque los hijos criados con ambos estilos tienden a comportarse y lograr sus metas de forma similar, los hijos de padres autoritarios tienden a desarrollar más problemas de depresión y autoestima que los basados en la autoridad.

Todo se resume en un solo principio: ¿Soltar o apretar las riendas? ¡He ahí el dilema del padre de familia! Yo le creo a Aristóteles cuando dijo: "La virtud es un justo medio entre dos extremos." Ni tiranos ellos ni tiranos nosotros. Los padres sí somos autoridades, sin duda, pero esa autoridad nos la confiere nuestra experiencia y no la pura jerarquía. No olvidemos empuñar el amor como principio rector de nuestras decisiones. Con todo esto en mente, sabremos con más precisión las acciones que amerita cada caso, con la meta de criar hijos felices ahora pero también armados de las competencias para procurarse esa felicidad en el futuro.

Felicitar el esfuerzo Rodolfo y Federico, misma edad, mismo colegio, misma colonia, la misma cantidad de hermanos pero diferente formación.

Mi amigo Rodolfo Posadas tuvo unos padres de los que podría etiquetar en muchos aspectos admirables. Médicos exitosos los dos, un matrimonio que a vista de todos podría ser nombrado como ejemplar.

La forma de motivación de sus padres era a través del elogio al esfuerzo que hacía.

Gran diferencia existe entre felicitar el esfuerzo a felicitar por una excelente calificación ante los resultados de sus exámenes que generalmente oscilaban entre 95 a 100.

Fui testigo en varias ocasiones, ya que durante mi infancia y juventud convivía con la familia de Rodolfo y veía cómo los padres tenían la capacidad de escuchar activamente, aunque ambos trabajaban durante 8 horas diarias.

Rodolfo se caracterizó por tener las mejores calificaciones durante la etapa escolar y posteriormente en su etapa como estudiante de medicina. Amante del deporte, con valores y principios que hasta la fecha sigue predicando con el ejemplo.

Hoy, al igual que sus padres, es un médico exitoso con especialidad de neumología y trasplante de pulmón, con familia unida y amante de la naturaleza, al igual que un servidor.

Rodolfo es de esos amigos que llegaron a mi vida para tocarla favorablemente, con su paciencia al ayudarme a retomar un hábito adecuado de estudio.

La carrera de medicina no fue nada fácil para mí. Aunque mi promedio final fue de 89, tengo que decir que me costó muchísimo y mi amigo Rodolfo fue causante de gran parte de mi éxito.

Gracias amigo, por siempre estar ahí.

Por otro lado, Federico, (nombre que por razones obvias modifiqué), sus padres eran —porque ya murieron los dos— autoritarios, agresivos y exigentes.

En varias ocasiones veíamos algunos compañeros y yo cómo al llegar a su casa lo esperaban con el cinto en la mano para propinarle tremenda golpiza al enterarse que había reprobado alguna calificación. A su padre le tenía sin cuidado que fuéramos testigos de esa escena lamentable.

Su madre tomaba el rol de sumisión a lo que su marido decía o hacía y rara vez se involucraba en los castigos que el padre ponía para *enderezar* el camino de Federico y sus hermanos.

Los gritos neuróticos del padre se escuchaban a distancia.

"¡¿Por qué reprobaste?!"

"¡¿Para eso me parto el lomo?! ¡¿Así pagas todo lo que hago para que tengas de tragar y estés en uno de los mejores colegios de Monterrey?!"

"¡¿Hay cerebro ahí adentro?! ¿O hay sólo caca?"

Sigo escuchando esos gritos ocasionalmente, sobre

todo cuando me toca presenciar ese tipo de violencia que en pleno siglo XXI utilizan algunos padres con sus hijos buscando *corregirlos* para que sean exitosos, o como he escuchado, para que sean *alguien* en la vida, como si desde la concepción no fueran nadie.

Me duele cuando veo a madres gritarles a sus hijos en centros comerciales. Apretarles o pellizcarles el brazo con su respectiva mirada de desaprobación o furia hacia un niño indefenso que desean que piense o actúe como adulto.

No existe un manual cien por ciento efectivo que nos diga cómo proceder ante diferentes situaciones, pero menos porque cada hijo es diferente y las circunstancias que se viven también.

NO PUEDO TERMINAR ESTE RELATO SIN COMPARTIR UNA FRASE QUE ENCIERRA TANTA SABIDURÍA: "EL AGRADECIMIENTO ES LA MEMORIA DEL CORAZÓN." Y NUNCA ES TARDE PARA AGRADECER A QUIENES DEBEMOS UN AVANCE SIGNIFICATIVO EN NUESTRAS VIDAS.

Niños bajo (auto) control

La inocencia infantil tiene sus pros y sus contras. El lado luminoso significa para un niño ser ajeno a los vicios de la sociedad y, por tanto, echar a andar su imaginación y su capacidad de asombro. El lado oscuro vierte su sombra con el desconocimiento que tienen de sus emociones y de los comportamientos en los que se transforman.

Como padres de familia podemos ayudar a que nuestros hijos echen luz sobre esa oscuridad, por más negra que parezca (créeme, ¡lo sé de primera mano!). Siguiendo con la metáfora, en vez de tratar de alumbrarlos una que otra vez, es mejor darles una lámpara y enseñarles el valor de activarla a lo largo de sus vidas.

Daniel Goleman ha estudiado el fenómeno de la inteligencia emocional y el autocontrol, por décadas. Destaca el poder de la atención selectiva, la capacidad que tenemos para decidir deliberadamente. Mientras ese poder es la luz de la que hablamos, la oscuridad es el inconsciente, esa parte visceral que nos hace reaccionar y actuar en automático.

El psicólogo explica que la atención selectiva regula las emociones; es una forma de imprimir calma aun rodeado de una atmósfera de agitación. Vemos sus maravillas en acción cuando calmamos el llanto de un niño, desviándolo del dolor y del miedo por medio de un distractor. Esa atención vaciada sobre cualquier objeto —en esos casos, un pájaro, un juguete, un dulce— les devuelve el control.

La idea clave por transmitirles es que centren su atención en algo que ocurra aquí y ahora, como su respiración, algún sonido o alguna vista. Cuando encuentren una situación que sea retadora o de plano avasallante, este acto los anclará para que no se dejen llevar por el momento y cometan errores de juicio.

La repetición de este ejercicio se volverá un hábito, y este hábito dejará una huella indeleble que condicionará su comportamiento a futuro. Es como un músculo bien entrenado. Por algo dice Goleman que cuanto antes, mejor. Dado que el cerebro es el último órgano del cuerpo humano en alcanzar su madurez y que tiene su mayor potencial de plasticidad en la infancia, los primeros años de vida son trascendentales para fortalecer o disolver las redes neuronales que definirán los pensamientos, emociones y comportamientos en el resto de su vida.

Si sembramos la semilla en la fertilidad de sus primeros años, nuestros hijos serán expertos en el autocontrol. Esto significa que serán menos impulsivos y más conscientes; menos viscerales y más listos. ¡Zas!

Imagina el valor que regalarás a tu hijo si lo logras. En un mundo seducido por las distracciones digitales, el consumismo y el placer inmediato, criarás a una persona de alta resistencia, que no se doble fácilmente por las tentaciones, y mantenga con plena consciencia sus prioridades y convicciones.

La crianza es un acto de amor y el amor puede tomar muchos rostros. Es un sentimiento que, con la guía de la razón, debe concebirse en el largo plazo, no sólo en el corto; debe apreciarse en toda su amplitud sin cegarnos por el caso en turno. El arte de la crianza es expresar el amor en sus distintas formas: desde el beso y el abrazo hasta la firmeza y la disciplina.

Si logras esto en tus hijos es gracias a tu actitud, pues "de tal palo tal astilla". Si tienes una actitud adecuada frente a los hechos tus hijos también la aprenderán, ya lo dice el dicho: "Hijo de tigre, pintito."

ASÍ QUE YA SABES, CAMBIA DE ACTITUD Y LO DEMÁS LLEGARÁ POR AÑADIDURA.

EPÍLOGO

Ya lo sabes: ¡actitud positiva, con todo y en todo!
Sólo unas palabras para agradecerte el tiempo que dedi-
caste a la lectura de este libro que hice con mucho cariño
y convicción. Más que en mis anteriores publicaciones me
metí a conciencia en estudios recientes sobre el bienestar, la
felicidad y la actitud positiva porque creo que mereces una
vida sana, duradera y llena de alegría.

Consulté muchos estudios, leí muchas investigaciones,
traté de acercarte las complicadas páginas de médicos y
científicos de manera sencilla, sin términos raros e impe-
netrables. Hoy más que nunca, a pesar de las dificultades
cotidianas y las crisis que amenazan al mundo y a nuestra
vida diaria, tenemos que responder con buena vibra y una
sonrisa a las dificultades, sé que a veces no es fácil y las
pruebas son muy dolorosas, sé que el costo por una vida de
bienestar y comodidades a veces es muy alto, pero qué tal
si empezamos por querernos más, por amarnos más —con
todo y nuestros momentos malos donde sacamos a la bestia que llevamos dentro a pasear por la ciudad, pensando
ingenuamente que es la bella en su momento de esplen-
dor—, qué tal si empezamos por aceptar nuestros errores
sin disputas ni corajes, qué tal si a partir de hoy hacemos
de la actitud positiva una característica de nuestra personalidad, para que los demás nos vean y la sonrisa sea franca.

Siempre será mejor dar un abrazo para celebrar, que de
pésame, siempre será mejor mirar el cielo para saber qué tanto
volaremos, en lugar del suelo para saber dónde nos caeremos.

Lo importante es tenerlo siempre claro: si queremos que
nuestra vida sea mejor, empecemos por pequeños cambios
que harán grandes cosas y, sí, sin duda, con todo y en todo
mantener una actitud positiva.

Mil gracias querida lectora, querido lector, se les quiere,
y mucho.

Actitud positiva... ¡Y a las pruebas me remito! de César Lozano
se terminó de imprimir en abril de 2019
en los talleres de
Litográfica Ingramex, S.A. de C.V.
Centeno 162-1, Col. Granjas Esmeralda, C.P. 09810,
Ciudad de México.